产业数字经济

叶　开　贾朝心　黄笙发　刘智辉　著

中国商务出版社
CHINA COMMERCE AND TRADE PRESS

图书在版编目（CIP）数据

产业数字经济／叶开等著．—— 北京：中国商务出版社，2020.12
ISBN 978-7-5103-3631-7

Ⅰ.①产…　Ⅱ.①叶…　Ⅲ.①产业经济—信息经济　Ⅳ.①F26 ②F49

中国版本图书馆 CIP 数据核字（2020）第 238679 号

产业数字经济

叶　开　贾朝心　黄笙发　刘智辉　著

出　　　版：中国商务出版社	
地　　　址：北京市东城区安定门外东后巷 28 号	邮　　编：100710
责任部门：发展事业部（010 - 64241423 cctpress@163.com）	
策划编辑：杨　云	
责任编辑：周水琴	
总 发 行：中国商务出版社发行部（010 - 64208388　64515150）	
网　　　址：http：//www.cctpress.com	
邮　　　箱：cctp@cctpress.com	
直销客服：010 - 64241423	
传　　　真：010 - 64241423	
排　　　版：北京宝蕾元科技发展有限责任公司	
印　　　刷：宝蕾元仁浩（天津）印刷有限公司	
开　　　本：787 毫米 ×1092 毫米　1/16	
印　　　张：12.25	字　　数：190 千字
版　　　次：2021 年 1 月第 1 版	印　　次：2021 年 1 月第 1 次印刷
书　　　号：ISBN 978 - 7 - 5103 - 3631 - 7	
定　　　价：88.00 元	

序一　数字经济 20 年

最近短视频和直播让"私域流量"火了起来，各个平台和新零售都在讲私域流量的运营，然后开始回归客户关系管理（CRM）和 Loyalty（客户忠诚计划）的存量运营。这个"私"的根本是数字化，兜兜转转，数字化还是要围绕企业的本质——创新和客户来进行的，"私"不再是企业或平台的数字化，而是他或她的个体的数字化、资产化和货币化，迭代发展到现在，数字经济也是分布式商业。

从 CRM 的数字化起，我从事企业级数字化转型（企业应用服务市场）近20 年。1999 年，我开始做 CRM。那时候，企业的数字化转型以内部成本控制的信息化即 ERP 为主，对外开放拓源的 CRM 还是比较新的，国内第一个项目还是华为的英文版 Saleslogix 项目，然后国内的 TurboCRM、MyCRM 和国外的Siebel 以及分析型的 SAS 等开始了第一轮 CRM 的浪潮；十多年后，CRM 从CRM 系统到呼叫中心、会员等不断扩展，这实际上是企业数字化在由内而外地进化。

后来，互联网的第二波浪潮开始，人人网那时候带动了人们对关系网络的兴趣。2005—2006 年，我围绕社交关系的 CRM 进行研究，那时候的核心主题是社会关系管理（SRM），也有人称之为"后 CRM 时代"，这或许算是SCRM 的前身吧！其实也是数字经济的初级阶段，只不过是在从消费者的角度不断追寻数字化的与时俱进！

从企业角度看，研究和管理社会关系似乎不太具有可操作性，而且那时候社交媒体还不是很火爆，只有人人网和博客。所以，从 SRM 的数字化推演，会更多地关注国外的社交媒体，CRM 也开始演变为 Social CRM。通过大量阅读国外的文献和报道以及体验国外各种刚刚出来的大大小小的 SCRM 系统，我开始从 Social CRM 的最新角度，一边做着传统 CRM 的咨询、培训和国外 CRM 系统的实施，那时候 Siebel 和会员 Loyalty 的相关系统在传统企业的数字化领域卖得很火爆；一边思考国内的 Social CRM 如何演进。

标志着研究和管理社会关系开始落地的是 2009 年的一个大事件：新浪微博开通。作为新浪科技博客的写手，我第一批被邀请试用微博，于是我开始关注如何让企业的 CRM 能够对接微博和人人网。那时候，我们已经在基于国外成熟的开源 CRM 平台进行深度定制，为企业提供 CRM 服务，刚好在此基础上进行了大量的定制开放和尝试，从舆情监控、粉丝信息、交互等各个角度去尝试，那时候微博和人人网的开放接口 API 并不成熟，也在不断与社交平台保持创新沟通和技术交流。但是，我对当时的监控、营销等偏重于营销的 SCRM 雏形是不满意的，这似乎不是我真正想要追求的数字经济。

让 SCRM 落地开花的是 2012 年微信开始应用。作为一对一的即时通信和强社交关系，微信直接让 Social CRM 的 2C 属性得到释放，我围绕对接微博和微信两个主要社交媒体，进一步设计和开发各种企业应用场景，在 2013—2014 年开始商用，并陆续围绕 Social CRM 的核心概念和实践撰写了《社会化媒体运营》《粉丝经济》等书。

2014 年，随着传统企业的互联网转型越来越热闹，围绕线上线下融合的 O2O 趋势也开始展现出全渠道的强大魅力。我在 Social CRM 的基础上，开始关注传统企业在电子商务、社交媒体、渠道零售、终端门店、销售导购、大数据等不同的企业级应用服务场景，甚至在外界我不再说是 Social CRM，而是 O2O 平台。我陆续为九阳、海尔、TCL、vivo 手机等大型传统企业提供了企业级应用服务，而且在实践的基础上写了一本《O2O 实践》，至今已经热销数万册。而这背后的线上线下融合的新零售和消费者主数据，越来越有数字经济的感觉。

有意思的是，当我们已经不再叫 SCRM 了，但是外面越来越多称自己是 SCRM 的，五花八门，不一而足。其实，从 Social CRM 的"S"来看，Social 是社交，那么就要认真思考一个核心问题：SCRM，是自己做社交，还是外接社交平台？

作为国内的 Social CRM 创导者，我一直秉持的观点是：CRM 和 Social CRM 的核心是不变的，一直是 KYC（Know Your Customers），社交渠道是手段和连接。这就意味着 SCRM 比起传统的 CRM 而言，最大的区别是 KYC 的手段和方法是社交连接，并在新的社交互动中建立信任，构建业务场景（内部、外部），实现和利用大数据。

国外的数字化服务老大是赛富时（Salesforce），它并没有完全说自己是 SCRM，而是销售云、服务云、市场云和社交云等数字化和云的定位，它收购了大量的社交工具，并对 SCRM 系统进行整合，从云和社交的维度进行了全面的升级改造，结合大数据和 AI 推出了自己的爱因斯坦 AI 引擎，用于企业的销售、市场、服务等不同业务场景。

再看国内的 CRM 市场。以前的厂家基本上销声匿迹了，2010 年前后如日中天的 Siebel 在被甲骨文（Oracle）收购后慢慢衰落，已经不适应云和社交时代，微软 CRM 也一直不温不火。虽然 Oracle 和 SAP 也在尝试推出云服务 Siebel，但一直找不到感觉，这两年居然停掉的 Siebel 又开始销售，很难想象会出现这种倒退式的发展。

在当前云、大数据和 AI 等数字化手段如火如荼的时代，CRM 也与时俱进，更多的移动 CRM 冒出来，以钉钉、纷享、销售易等销售管理和 SFA 为主，而作为客户服务的核心基础——呼叫中心也在一直持续迭代升级，包括 AI 机器人客服等。这些与云端相连接的移动终端已经是数字经济无处不在的触手。

这时候，区块链出现了。从严格意义上说，区块链不是作为数字化出现的，而是作为货币化和资产化出现的，但是由于区块链技术带来了分布式账本、去中心化、不可篡改、共识算法、代码可信、智能合约、数字资产等特色功能，反而为数字化尤其是数字经济带来了新的创新维度。我们开始基于联盟链 Fabric、以太坊和其他许可公链进行农产品区块链、文化艺术品区块链、不动产区块链等试点，在这个过程中不断地碰撞和体会，最终发现虽然区块链可以实现分布式的超级账本、不可篡改的上链存证和溯源、自动执行的智能合约等数字化手段，但更重要的是，让我们从货币化和资产化角度来重新审视数字经济的本质是什么？

在近 20 年的数字化迭代进程中，虽然不断有新的数字化工具和手段，但是每一个新的数字化项目又会为企业再造一个信息孤岛，每个数字化都是为了局部利益或者局部问题。这么多年我们在不断思考：数字经济是谁的数字化？同时，我们也在反思：喊了 20 年的"以客户为中心"是伪命题吗？

近 20 年来，企业一开始都在喊"以客户为中心"的口号，但实际上还是以自己为中心；再后来开始重视客户服务、客户体验和客户口碑。看起来好像在"以客户为中心"了，但实际上这些都是企业主动、消费者被动，只不过被动的体验越来越好，但企业最终的目的还是客户的购买力价值（CLV）足够高。

由于有了各种 ERP、订单、商城、会员、CRM 等数字化系统和工具，企业可以有大量的、来自不同渠道的消费者数据，甚至已经习惯消费者数据是自己的数字资产了，因为是企业建的数据库、CRM 和会员系统。同时，为了这个资产能够变现为企业的购买价值，又进一步深耕存量客户的服务、关怀和二次营销，增量客户的拓客、营销和推荐等，最终让这种价值不断被动和叠加为一种在消费者购买基础上的产品价差模式。

所以，私域流量实际上是这个时代的错，流量和数据是谁的"私有"？当那些垄断的互联网平台在将消费者作为自己的私域流量进行经营和变现的时候，我们应该清醒地认识到，消费者主权时代已经到来了：我的数据我说了算，我的需求我来货币化；赚钱—花钱—赚钱，交易是交换，我的需求和数据本身就是资产。这些以前不敢想象的事情，现在在区块链面前变得简单可行。

而客户关系管理（CRM）实际上应该是客户管理关系（CMR）或者客户资产化关系（CTR）。个体就是数字资产，然后有数字资产平台，消费者自己许可、控制和获得收入，在分布式区块链平台上进行身份认证，进行消费者数据的所有权、经营权和使用权的数字化，并进行数字资产的交换、交易与投资。

如果我们从资产化和货币化角度来看产业数字化，突然就有了一个统一的共识，产生数字化不再是一个个数字化的信息孤岛，而是围绕共识的数字资产，所有的数字化、资产化和货币化，最终都凝聚成一张有共识和可信的"资产表"，而运行这些共识和数字资产的是一张分布式的、无数个节点的主网（Mainnet），按下启动按钮，便再也停不下来。

非常期待，通过阅读《产业数字经济》一书，能够触发你内心按下产业数字经济按钮的那份渴望！

叶开

2020 年 11 月

序二 产业区块链为供应链服务业重塑价值赋能

区块链的星星之火，将在产业数字经济的燎原上，奔涌喷薄！

——题记

随着人工智能、5G、云计算等新技术的加速发展与相互融合，IT 基础设施建设的数字化、企业级核心应用与产业生态加快步伐向云端迈进，商业社会的数字化革命正呈现出爆发态势。以区块链为代表衍生出的新一代信息技术正加速突破应用，迎来 IT 产业的变革。它不仅在推进数字经济发展和企业数字化转型进程中发挥巨大的作用，更把创新深化影响到民生领域、经济金融、政务领域和社会治理等方面。

纵观整个信息技术的发展轨迹，在互联网阶段，信息技术解决了信息互联的问题；发展至移动互联网时代，通过移动互联进一步建立了人与人联系的维度；如火如荼的 5G 时代，以构建万物互联的物联网时代为发展目标。以上发展进程，搭建了数字经济和数字化社会治理的 1.0 阶段。下一阶段的发展关键，是在信息互联、人人互联、万物互联的基础上解决价值互联的问题。

人、信息、物，相互连接与流转，就是价值互联的过程。价值互联的发展，以信任通道的建立为基础，区块链解决的核心问题实际上就是信任问题。区块链，是继信息上"网"、关系上"云"之后，在价值上"链"过程中，构建智能化信任通道的核心技术，在基于信任、共识、法治的智能平台上，我们将迈入数字经济和社会治理 2.0 时代的新纪元。

国家战略层面倡导的区块链技术应用的发展方向有四个：（1）数字货币；（2）政务公开和民生方面的应用；（3）产业深化，利用区块链技术为实体产业赋能；（4）数字资产交易。未来的数字经济时代，资产数字化是一条必经之路，信任是交易的前提，交易是经济发展的一个必备条件。由区块链重构的价值互联网，通过区块链技术重塑结算、提升产业效率乃至改革货币体系会将数字经济带入更高的阶段。自此，产业区块链将会成为区块链技术和产业发展新的创新增长点。

作为一个在 IT 圈混迹二十多年的老兵，我深深感觉到产业区块链发展的黄金期来了！在产业互联网的发展基础上，区块链技术应用的触角已延伸到数字金融、物联网、智能制造、供应链管理、数字资产交易等各个方面。区块链的天然特性，在产业领域的土壤中，催化了无数美好效应：促进数据共享、优化业务流程、降低运营成本、提升协同效率、建设可信体系等。创新，正是新技术的大规模应用，产业区块链的创新发展将是推动区块链和经济社会融合发展、构建数字中国的重要力量。

我目前所处的 ICT 服务行业，与我国的数字化进程紧密相关，各个经济体的数字化、智能化转型为 ICT 产业的进一步发展释放了更多的市场红利。在产业互联网与产业数字化发展的带动下，以分销为代表的供应链服务行业正经历着产业升级的机遇和挑战。而区块链技术的注入与加持将重塑供应链服务业的价值体系，带来颠覆性变化。

在 ICT 产品分销流通环节，分销商这个身份的定位是一个承上启下的位置，负责厂商与市场之间的链接，实现供应链服务的最优化。随着数字经济的发展，分销服务已经从基本的物流、资金流、信息流，逐渐涵盖渠道发展、技术服务等具有更多价值附加的内容。而电子商务的发展对传统分销以及供应链企业形成了巨大的挑战，传统分销企业必须找到自己在互联网环境下的未来发展之道。但透过虚拟网络的背后，我们发现无论用什么样的手法，实实在在的服务才是市场竞争的根本，尤其在 TOB 的供应链服务方面，传统分销企业具有电子商务公司不可比拟的优势。区块链的出现，更好地为供应链服务企业提供了新的发展手段和战略性机遇。

对于供应链服务企业来说，最具有核心竞争力同时也带来巨大经营压力的一点，就是信用管理。在传统模式下，企业必须投入大量的人力来了解市场、监督合作的市场行为，甚至监控合作伙伴企业负责人的个人行为，来判断有关市场信用的动态。随着拓展的深入，信用管理的难度也越来越大，往往事倍功半，不能满足市场竞争的效率要求。而通过区块链去中心化的数据库以及多方共同维护的方式，让数据的管理变得更加透明，在供应链服务商、上游厂商、下游渠道和银行等金融机构之间建立了跨组织的信任机制。

以多方共同维护的数据库保证了数据在整条供应链不同节点间的实时共享，通过数据无法篡改的特性，保证贸易信息和数据的真实性，解决虚假订单、数据的验真问题，使供应链条上的不同层级都可以第一时间获得真实有效的信息，极大程度地降低了供应链"牛鞭效应"，进而有效组织生产、供应、提供金融服务，实现供应链中所有参与主体、资产、业务的有效链接。

真实的信息才能保证流程有效执行，生产更加符合市场需求的优质产品，不同主体做出更加理智的决策。区块链使不同主体、不同业务、不同要素形成相互关联、相互依存的网络关系真正成为可能。

基于区块链的共识机制建立可以自动化执行的智能合约，数字化技术增强了供应链端到端的可视化，降低了供应链中的信息不对称程度；解决了由于人工操作带来的低效、操作失误等问题，同时解决了链条中资金互相拖欠的问题。在核心企业、供应商和监管单位之间构成的互信体系，正是产业区块链这颗种子落地生根、开花结果的肥沃土壤。同时，产业区块链也将是分销行业转型升级、重塑价值、成就未来的机遇，是从规模到价值的颠覆性技术。从供应链角度切入，在商机、货品、服务、资金的流通过程中，信任是金融活动的基础，信任问题解决后，会极大地释放市场的潜力。

通过区块链签署的合同，本身就具备金融属性，可以带来更多潜在的价值。同时，区块链技术可以实现以应付账款为基础的多级企业的信任传递问题，以真实贸易为支撑的基于核心企业信用的应收账款数字凭证，可基于区块链实现资产自由拆分流转，支持延期；可按需进行拆分融资，满足产业链末端小微企业的融资需求。

产业区块链从信息的上"网"，关系的上"云"以及价值的上"链"，大大提升了资产交易和流转的综合效率。通过区块链技术，供应链链条中的各类资产都可以得到完整信息，包括产品溯源、库存分配等，大大提高了资产配置的效率。通过各类应用的落地、产品和服务的推广，将对线上社群和线下社会产生从量变到质变的促进；并通过重塑信用、重构信任，导致生产关系的变革，这均是以价值为导向的发展结果。

通过区块链解决信任管理和资产溯源的问题，为供应链金融的发展提供了充分的支持。而供应链金融的发展不仅为供应链服务业提供了机会，也为中国金融业的发展改革提供了巨大的机会。

ICT分销行业与区块链平台合作的化学反应下，分销商可借助自身在云计算等数字技术领域的实践经验，在技术、市场等方面发力，加速推动区块链与人工智能、大数据、物联网等前沿信息技术的深度融合，在企业数字化转型实际场景中展开落地实践，将更多、更新的数字技术运用到实际场景中，帮助中国企业实现数字化转型。

基于产业区块链的赋能与加持，ICT综合服务商可以持续整合市场资源、技术优势、研发能力、人才储备等创新资源，打造融合的科技创新生态体系，聚焦数字技术与应用场景的深度融合，推动数字经济与实体经济的融合创新，与广大合作伙伴共建生态，激发企业的创新驱动力，帮助更多企业完成数字化转型并持续构建数字创新能力。

关于产业区块链与产业数字经济的探索和展望，抑或是思考与困惑，从《产业数字经济》一书中均可找寻到答案。叶开先生是我的清华五道口金融CEO 的同学，他是 Token 经济、Social CRM、粉丝经济、O2O 新零售等领域的理论创导者与实践先行者，独创了产业 Token 经济设计画布和十大 Token 经济设计模式，在产业供应链金融、农业区块链与产地交易中心、积分区块链、新零售云链等领域进行了积极的探索和实践落地。我们共同参与创作的《产业数字经济》，为大家提供了一部难得的研究产业数字经济、构建产业数字资产化体系的著作。该书融汇了我们近几年深入实践产业公链、产业数字资产以及区块链升级等对产业区块链与产业数字经济的系统性研究，并蕴含了丰富的企业实践和系统实施经验，对大家更好地认识围绕国家区块链战略下我国产业数字经济的未来发展具有宝贵的参考价值和指导作用，对探索国家数字化转型道路和人类智能社会的发展有着重要意义！

贾朝心

2020 年 11 月

目　录

第一章

产业背景

当下的全球经济和国际化正面临巨大的冲击：全球继续维持美元强势现状，而人民币出海的战略趋势不断加强，大宗商品国际贸易结算与易货贸易的人民币结算需求迫切。

数字经济的横空出世，给我们带来了新的机遇。Libra（天秤座）全球数字货币的设计和发行计划带来了新的冲击；央行数字人民币 DCEP 的试点发行让其抢做全球第一家官方数字法币；同时深圳明确成为数字货币先行试验区；尤其是 2019 年 10 月 24 日中国高层集体学习区块链，提出了区块链＋产业创新和自主创新的方向，并将区块链提升到国家战略层面，同时中共十九届四中全会又提出数据作为生产要素按贡献参与分配，这些都是数字经济带来的颠覆传统产业经济的最好机遇。

第一节　全球产业体系

全球经济的变幻瞬息万变，离不开核心的基础格局，除了全球的政治格局之外，货币格局、贸易格局、金融格局以及全球产业链体系，都是全球经济产业格局的影响因素。

一、全球货币体系

全球货币体系，要从之前的布雷顿森林体系和现在的石油美元体系说起。

1944 年美国从英国手中接过货币霸权，建立了布雷顿森林体系，即各国的货币锁定美元，美元锁定黄金，每 35 美元兑换 1 盎司黄金。这个最大的潜在问题是美国每多印 35 美元就要多储备 1 盎司黄金，而二战之后的美国当时几乎掌握了全球 80% 的黄金储备，但是随着奶油加战争的消耗，美国终于绷不住了，在 1971 年宣布关闭黄金兑换窗口，美元与黄金脱钩，至此布雷顿森林体系瓦解。

1973 年，基于全球已经习惯用美元作为流通货币、结算货币和储备货币，美国与欧佩克（石油输出国组织）达成石油美元体系：全球的石油贸易必须用美元作为计价和结算货币，石油交易收入用来购买美元金融资产，这样石油产出国和美元之间形成了一个"美元—石油—美国国债"的循环体系。美元与黄金脱钩后又与最重要的能源和基础化工资源——石油挂钩，任何国家都要消耗能源、购买石油，从此美元开始成为主导世界经济金融体系的国际货币。

所以，现在我们听到的"美元霸权"实际上就是石油美元体系，美元可以随意印刷，美国向全球输出美元，稀释自己的通胀；同时，通过发行美元国债，让大量输出到海外的美元再回到美国，进入美国的债券市场、期货市场和证券市场，循环往复，稀释泡沫、套利生利。

后面不断发生的国际现象，比如拉美金融风暴、日本的广场协议、亚洲金融风暴等，无一不与美元霸权相关；伊拉克战争，导火索是萨达姆宣布伊拉克的石油交易使用欧元结算；阿富汗战争，是因为 9·11 之后要重建美元信心和金融体系；乌克兰的"颜色革命"针对欧元走强，叙利亚等"颜色革命"影响中东和欧洲，对伊朗的制裁直接对准了石油，等等。因此，有人说："支撑美国的是货币，而支撑货币的是美国的军事力量。"

在强势的美元霸权体系下，人民币更多的是一个区域性货币，它在全球的石油美元体系以及全球的贸易美元结算中，正努力逐步地实现局部的货币互换和贸易结算。成为全球硬通货是人民币国际化的目标，这会是个渐进的过程，而且在这条路上，作为全球货币的美元霸权体系，又会利用贸易战、区域事件以及金融制裁等阻碍这个过程，比如中美贸易战中把中国列入汇率操纵国等。

并不只是中国，全球对美元霸权警惕日盛，"金本位"开始抬头，各国央行开始减少美元国债和储备资产，增加黄金储备，民间资产配置也开始青睐黄金，去美元的黄金化越来越成为共识，而这个趋势也直接影响到数字货币。

作为基于区块链的数字货币的鼻祖——比特币（BTC），非常类似纸黄金，2100 万个的储量（发行量）固定，总体呈现通缩特点，完全依赖去中心化的技术，而并非受制于某个政府的强制力，这种已经逐步建立起局部信仰的数字货币对美元的霸主地位也会带来冲击。

这个时候，目标是全球数字货币的 Libra 出现了，Facebook 发起的 Libra

希望能够重新创造货币、重塑经济，让世界各地的人们过上更美好的生活。有几十家创始成员参与的 Libra 没有采取传统的锚定方式，而是采用类似于 SDR 基于一篮子货币的组合方式，有"超主权"货币的基因。因为"超主权"货币的属性，Libra 引起了各国央行和金融监管的关注，而其锚定组合也在不断调整：最初的一篮子组合是"美元 50% ＋欧元 18% ＋日元 14% ＋英镑 11% ＋新加坡元 7% ＋人民币 0%"，0% 的意思就是 Libra 发言人说不会有人民币；后来一篮子组合的策略做了调整，欧洲用欧元、英国用英镑、日本用日元、新加坡用新元之外的 App 区域，全部锚定美元；而在受美国议会以及美联储质询后，最近 Libra 可能会调整为锚定美元。这个变化非常微妙，也透露出浓浓的美元霸权体系的味道。很有可能，Libra 会成为全球能源体系，石油美元体系开始受到冲击后美元在寻找的那个新的出路。

Libra 如果发行，尤其是锚定美元的货币模式，不可避免地会对全球各个主权国家的货币带来冲击；同时，作为全球超主权货币，它也会挤压人民币国际化的空间。但 Libra 的本质毕竟是数字货币，它属于去中心化（或弱中心化）的区块链的性质，所以抵制中心化的美元霸权的种子已经发芽，各种各样的数字货币和 App 创新的模式，势必会成功地发起对美元霸权的冲击和颠覆。

正是因为 Libra 的刺激，中国加快了央行的数字人民币（DCEP）的设计、发行进程，中国已经成为第一个发行主权数字法定货币的国家。DCEP 是数字货币/电子支付的简称，目的是替代现金（M0），采取双层投放和双层运营模式，央行批发给商业银行（承销机构）、商业银行承销到支付场景的三层结构，主要涉及 M0 的现金、小额支付等场景，未来还会进一步进入企业和产业的场景。

数字货币是数字经济时代不可逆转的大趋势，除了中国央行的 DCEP 之外，其他国家也在积极设计、发行自己的数字法定货币，包括英格兰银行、加拿大央行以及瑞典央行等多国央行早已在进行法定数字货币的研发。俄罗斯、泰国、土耳其等国家在计划推出法定数字货币，而亟须去美元化的突尼斯、塞内加尔、马绍尔群岛、委内瑞拉等 4 国已发行央行数字货币。最极端的例子是委内瑞拉，本国法币体系在美元冲击下崩盘后，发行了锚定石油的石油币，希望石油币能够帮助委内瑞拉完成经济转型、缓解通货膨胀，但这条道路艰难而遥远。

不仅主权国家，产业经济生态中的企业代表也开始尝试产业货币框架，比如沃尔玛的企业币 WMT、柯达影像图片产业的 Kodak Coin、JP Megan 的 JP Megan Coin 等，都是在自己的产业生态中寻求一种产业主权货币的可能性，以摆脱或降低对法定货币的依赖或成本损耗。

产业体系内的企业币，大部分都是稳定币的模式。而作为数字稳定币，一个代表是 USDT——中心化的美元抵押模式的稳定币，已经成为数字货币交易领域的主流中介稳定币；另一个代表是 DAI——去中心化的 DeFi（分布式金融）模式的稳定币，正逐渐成为 DeFi 趋势中的关键代表。

现实正如哈耶克在其著作《货币的非国家化：对多元货币的理论与实践的分析》中所期望的那样——人人发行货币，那么未来全球的货币会是一种什么格局呢？或许，不会是一种模式继续"霸权"，而是金本位、美元或欧元/人民币、比特币或加密货币、数字法定货币或者一篮子数字稳定币等共生共赢。

二、全球贸易体系

全球货币体系离不开全球贸易的结算货币，美元结算是美元霸权的核心。所以全球全局体系，也是需要特别关注和研究的环节。在全球贸易方面，美国在建立石油美元体系的同时，也打造了关贸总协定（GATT），后来进一步发展为世界贸易组织（WTO），前者主要是货物贸易，后者增加了服务贸易和知识产权。世贸组织是当前最重要的国际经济组织之一，成员贸易总额达到全球的98%，有"经济联合国"之称，中国 2001 年加入世贸组织。但近两年美国新贸易保护主义和单边协调管理贸易制度抬头，开始不断挑起贸易摩擦，频频退群，比如退出跨太平洋伙伴关系协定（TPP）、巴黎气候变化协定、伊朗核协议等，甚至威胁要退出世界贸易组织。

中国加入世贸组织后，作为全球化进程中的受益者之一，充分利用 WTO 作为中国维护自身利益和多边贸易体制的平台，成为自由贸易的坚定维护者和积极倡导者。可是在全球贸易中，中国虽然作为全球最大的采购国（在能源矿产、有色金属、大宗农产品等方面都是最大的贸易采购国），但没有定价权，没有人民币结算权。也就是说，虽然你是采购量最大的客户，可是货物的价格你说了不算，用谁家的钱你说了不算，这也是人民币国际化的核心诉求。

全球的石油贸易，基本上围绕两大原油期货——纽约商业交易所（NY-MEX）的 WTI 原油期货和洲际交易所（ICE）的 Brent 原油期货，二者的原油期货价格逐渐成为全球原油市场主流的定价基准，也就是我们说的"定价权"。亚太地区尤其是中国是世界上最大的石油消费市场，却缺乏一个权威的定价基准，2018 年上海期货交易所挂牌以人民币计价的中国版原油期货，开始尝试参与到原油期货定价体系中。同样，在大宗商品农产品贸易，中国是大豆、玉米、牛肉、白糖等商品最大的采购国，但是期货定价以芝商所（CME）大宗农产品指数为基准；在大宗商品有色金属贸易，中国也是铜、铝、铁矿石钢铁等商品最大的采购国，但是期货定价以伦商所（LME）金属商品指数为基准；这都是全球全局体系给中国带来的痛，而人民币国际化、"一带一路"倡议等，都是为了突破这种既有的全球格局。

在全球全局体系中，中国也在努力带节奏，"一带一路"倡议分别从陆地的"路"和海上的"带"，还有上合组织和东亚经济体都是在寻求贸易格局中的突破。同时，海南的自由贸易港、青岛的"上合—东亚"自贸区以及各地的自贸区等，都是在寻求全球全局体系中的新位置。

然而，由于传统的石油美元体系和传统商品交易所的垄断优势，在传统的贸易格局中可能很难再有新的机会来超越和颠覆，反而在新兴的数字经济生态中，可以基于中国目前的区块链优势，谋求链上的数字资产发行权、定价权以及大宗数字资产交易、数字金融衍生品等，甚至进一步创新数字经济资本市场和数字投行，这样才可能真正超越传统的美元和金融体系，这或许正是中国将区块链战略作为弯道超车机会的主要原因。

三、全球金融体系

金融体系是与货币体系和贸易体系相生相伴的，货币是资产，贸易是交易，金融是流动性，三者形成了一个全球产业体系的根本。而伴随美元霸权的是以华尔街为首的全球资本市场规则体系，有以纽交所（NYSE）、纳斯达克（NASDAQ）为代表的股票市场，以芝商所（CME）、洲际交易所（ICE）为代表的期货市场，以高盛、摩根士丹利为代表的投行以及以桥水、摩根大通为代表的对冲基金等，组成了股市、期货、期权以及衍生品的庞大的金融市场体系。

整个体系的市场规则是华尔街制定的，在美元结算体系的基础上，继续通过证券市场吸引全球的优质企业和优质资产成为美元计价的金融资产，通过大宗贸易的定价权来获得期货或期权的套利，通过对大宗贸易和实物资产的证券化将生产—消费领域转变为金融领域，并通过复杂精密的金融衍生品进行资金控制或者量化对冲，巧妙地消除美元资产的泡沫，再从全球吸引而来的美元资金上套利、生利。

当这个华尔街金融帝国要打痛你一国家的时候，可以从证券市场来打击这个国家的企业和资产，可以从期货期权操纵大宗商品价格来掐住这个国家的采购需求命脉，可以用金融衍生品来冲击和摧毁这个国家的金融市场，一系列不同角度的做空，就会在一个国家掀起一场金融风暴。

中国在全球金融格局上，主要是上海的国际金融中心角色，从上海证券交易所、期货交易所等提供金融市场服务；同时，又通过中国香港的港交所以及众多的国际投行来进行全球金融的参与。中国近年开始在澳门布局，从证券交易所和期货交易所进行全球化金融的创新尝试。而与华尔街的金融帝国相比，中国还不能成为对等的挑战者。

四、全球产业链体系

最后一个是全球产业链体系，这也是导致中美贸易摩擦的一个因素。美国在向全球输出美元货币体系和华尔街金融体系时，也导致了制造业等产业的空心化，毕竟靠美元和金融来套利太简单、太暴利了，所以就不再青睐那些脏活、累活，导致产业链开始转移到美国之外。

就在这个时候，中国在全球产业链体系上占据了重要的位置。吃苦耐劳的中国人不怕脏活、累活，从最初改革开放的"三来一补"等开始，再结合农民进城、高校扩招等带来的多层次劳动力，逐渐形成了完整的产业链，甚至形成了区域性的产业集群，比如东莞的电子产业集群、深圳的 3C 产业和珠宝产业集群、佛山南海的铝型材产业集群、晋江的服装产业集群等，从工业设计、技术研发、精益制造、供应链、人才储备、上下游配套以及金融服务等方面形成完整的产业链布局。

虽然近几年因为劳动力成本的上升，出现一部分制造业转移到劳动力成本更低的印度、越南等国家，但深入分析来看，中国完整的制造产业链基础以及大量经过技术职业教育过的工科素质人才，是这些劳动力成本低的国家所不具备的。因为企业搬过去之后，虽然发现人力成本下降了，但也会马上发现配套供应成本上升了，而且离最大的消费市场更远了，这对于一些行业而言得不偿失。

但是中国的产业链布局也要考虑到产业链条中的头部企业所承担的产业公益，不能过于盘剥产业链里面的利润，而是要让整个产业链具备可持续性发展和沟通，长期获利、良性发展。但这次新冠肺炎疫情带来的冲击，可能会让大批没有抵抗力的中小企业倒闭，这种优胜劣汰也是产业链中的自然法则，但是不是因此可以基于区块链和数字资产，能够逐步建立起有产业共识的可持续性的数字资产框架，让产业链内的每一家企业都能够健康成长，从而更好更强地参与到全球产业链中来呢？

沿着中国的全球全局体系里的"一带一路"，全球产业链体系首先要布局到东南亚的印度、越南和新加坡等有生命力和有前景的市场，将产业链集群延伸过去，将他们的低成本劳动力和快速增长的市场为我们所用；在瑞士、开曼群岛等离岸中心受限之际，面向全球产业逐步开放离岸资产托管，同时面向全球华人和华裔的海量财富和资产开放离岸资产服务和金融服务，转化为人民币计价的金融资产；同时，众多中企在东南亚及"一带一路"沿线国家有大量的投建项目、基建项目和地产项目，央企、国企有大型海外投建项目和跨境贸易，中国可以在产业链布局的基础上，同时结合货币、贸易和金融布局，抓住整合的最佳时机，为"一带一路"沿线的企业或资产提供人民币/DCEP、数字资产交易和数字金融等主导性服务。

第二节　内生价值与共识

现在从全球格局跳回到产业经济中来，全球格局上中国面临复杂严峻的危机，而产业方面，传统企业也面临复杂严峻的危机，然而往往危机既是危险也是机遇。

一、内生价值

经历过一波互联网企业的冲击和洗礼，大部分传统产业都开始进入微利时代。在上一波的互联网平台烧钱免费的过程中，已经逼迫很多行业的传统企业也进入"亏钱也要打"的求生存状态。大部分传统企业赚的都是价差，即采购原材料、制造、投入、产出产品、销售，赚的利润是成本与销售之间的价差。然而在互联网平台模式、移动互联网以及工业大制造的产业趋势下，足不出户的移动互联网上可以买到更加便宜的商品，新的互联网平台还在烧钱不计成本地抢流量、抢用户，年轻消费者不再去线下的门店或者购物中心，而是在手机的短视频、外卖或者移动电商上流连忘返，传统产业尤其是服装、化妆品、餐饮外卖等行业都开始跑步进入微利时代。

微利时代的最大致命之处就是，在这样一个新冠肺炎疫情按下暂停的非常时期，一大批在生存死亡线上赚取薄利或者负利的中小企业会悄然倒下，无声无息。在这个微利时代，企业到底怎么解决可持续性和生存的问题？这个时候，传统产业必须要去找一个在价差模式之外的新的即使亏钱也能赚钱的新模式，只是没有价差带来的钱，那赚的钱从何而来？

传统企业以前只熟谙采购生产销售的价差模式，却忽略了自己从事的产业"灵魂"深处的东西。要想不依赖价差模式，就要从价差转变到内生价值，能够让企业在微利时代生存的东西不会来自价差，而是来自内生价值。传统企业要去"灵魂"深处探究，你做的事情本身会内生重大价值，而不是依附于成本投入和销售产生的价差。所以，如果企业要摆脱微利时代，就要摆脱价差，进入内生价值。这也是产业区块链的核心逻辑，它不只是建设一套区块链基础设施，而是要从骨子里、灵魂深处挖掘出企业的内生价值。

对于传统产业而言，这种寻找到的内生价值就是共识。新的共识，就是一个产业的信仰，带来新的信任、新的共同体以及新的价值模型。就如同耐克，一个服装鞋帽的品牌企业，却将充满科技感和时尚感的运动作为内生价值，这个为它的品牌形象、产品设计以及零售模式等带来了巨大的改变。

如果从产业区块链角度，共识指的不是资产层面的、微观层面的、业务场景层面的共识，更多的是一种产业的价值协议。比如说新零售、新消费产业，包括餐饮、电影院、健身、整形美容、绿色食品、宠物、社区养老等，这些产业的核心并不是说它们做的事情，而是它们背后体现出来的对生活方式、品质、价值的一致性认识。这种共识一定要达到这种高度，才有可能使这个产业形成协同和共享。否则在产业链里面，每个企业有大有小，在产业链的位置有前有后，规模也不一样，对资产的认知也是有区别的，很难形成共识，所以一定要往上拔高，到一种更高的层面，这就是升维。

但是，往往传统产业对实际的采购生产销售认知更直接，而对共识会一头雾水，这种内生价值的共识，对于传统而保守的企业而言，可能感觉虚无缥缈，是一种形而上的东西。但内生价值是实实在在存在的，只不过我们习惯了简单、初级和粗暴的利差模式，却忽略了可以内部生长的价值。

这种看起来虚无缥缈的内生价值，是一种新的共识，它需要新的共识共同体，而不再是现在传统的公司组织形式，因为它可能会是一个新的产业协同形式，或者跨产业、个体参与的新的协同形式；同时，激励机制也从价差或者薪酬模式，转变为新的贡献、分配和二次分配，或者是即时清算分红，或者是资产交易和行为实时货币化；而涉及的资金不再是法币资金，内生价值基于新的数字货币发行和流通，并在协同体系内进行清算和再分配，甚至产生新的数字金融模式。这些共识、共同经营体、激励分配机制、数字金融等形成了一个新的数字经济生态，一个与传统产业经济截然不同的新的经济生态。

二、产业分析框架

要分析产业的内生价值和形成共识，就要跳出区块链，用产业框架来进行产业分析。在这里推荐两个分析框架：ADF产业分析框架和SCP产业分析框架。

ADF产业分析框架主要是围绕产业的三个核心要素来进行分析：资产（Asset）、交易（Deal）、金融（Finance）。

（1）资产，是分析产业的资产，包括不动产、资源、设备、产成品等，甚至可能包括商誉、无形资产以及那种虚无缥缈但又有内生价值的共识"资产"。资产一般需要设定资产分类标准协议，进行上链存证、确权和数字资产许可发行等工作。

（2）交易，是分析产业围绕资产的交易，包括资产交易的层级结构、订单和结算模式等。除了将中间环节转变为链上的服务或贡献之外，还要分析适合产业交易的交易合约、智能合约以及数字资产交易平台的框架，还有数字资产交易与传统产业市场的融合。

（3）金融，是分析产业的投融资、资金流动性以及资本市场，从传统产业的票据、信用证等票证的数字化，以及在数字资产和交易合约基础上的证券化、份额化，还有进一步的权益类金融产品、资产数字化之后的各种金融衍生品等，以及产业生态内循环的产业结算数字货币。

要做产业数字经济，首先需要想清楚产业的资产到底是什么？而不是总想着要产出什么产品，如何控制成本，怎样去赚更多的利润。要回到根源——你的资产到底是什么？你的资产会不会成为一个有内生价值的数字资产？这是非常关键的问题。

这也是传统产业在了解区块链时恰恰会忽略的问题。他们往往会问："如果拿区块链结合我现有的业务，比如供应链金融，可以达到一个什么效果？"这忽略了从根源去思考资产的问题。资产的核心在于，你的资产一旦变成数字资产，会不会有内生价值？产业区块链的核心就是要去寻找产业里的资产、交易等是否存在更多的或者没有挖掘出来的内生价值？

内生价值，它更像一种更高维的能量波，一只看不见的上帝之手，通过某种特殊语言、随机数或某种共识算法产生共振，不断生发增量的资产、交易、钱。

SCP 产业分析框架主要是围绕产业结构（Structure）、行为（Conduct）、绩效（Performance）三个方面进行分析。SCP 框架本是产业组织理论里用来分析产业的有效竞争和资源配置的，实现产业的合理分配和最优配置以及经济利益最大化。我们在这里用它来参考作为产业数字经济的产业分析框架。

（1）结构，传统 SCP 框架是来分析产业市场结构，包括品牌传播、规模成本、资本市场、产品差异、市场容量等；产业区块链的 SCP 框架主要从节点网络、组织结构、资产结构、交易结构以及交易费用结构等来进行产业分析。

产业的节点网络和组织结构是新的产业链通过区块链的支撑建立的新经营组织形式或者节点层级，而产业的资产结构和交易结构则是围绕资产和交易的模式进行分解，交易费用结构是费用模式和支付结算的分析。

（2）行为，传统 SCP 框架是来分析产业市场行为，包括产业行为、竞争协调、生产发行、交易和投融资行为等；产业区块链的 SCP 框架主要从共识、数字化、交易合约、金融行为等来进行分析。

产业的共识和数字化是数字经济的基础，共识的贡献行为和业务的数字化及上链；交易合约是围绕交易的行为，金融是围绕投融资和数字资产流动、资金流转等行为的分析。

（3）绩效，传统 SCP 框架是来分析产业市场行为，包括效率、资源配置、再分配、技术进步、绩效等；产业区块链的 SCP 框架主要从 Token、货币化、激励、生态经济等来进行分析。绩效主要是经济激励机制，围绕产业的 Token 设计、货币化的规则和模型、激励惩罚机制以及生态经济模型等的分析。

传统的 SCP 框架一开始比较简单地认为结构决定行为、行为决定绩效，后来发现这三者之间的相互关系是非常复杂的。短期内，结构制约行为，行为直接决定了绩效；长期看，结构、行为和绩效之间是双向变化的因果关系。

在产业数字经济的 SCP 框架中，相互关系更接近于：结构是基础，行为是主干，绩效是血液，三者组成一个完整的产业数字经济体系。

三、产业共识

经过产业分析，传统企业可能更进一步了解或者探究了企业的内生价值。产业共识，需要从企业的维度跳出来，升维到产业高度，在产业分析框架的辅助下进行分析和分解，最终能够上升到一个更高层面的生态，比传统的产业也高一个维度，这才是真正的产业共识。

由于产业共识是上升到一个更高层面的生态，所以不只是一个企业或者产业的数字化转型，更多的是高维的产业升级、赋能实业和产融共创，为实体企业赋能，新技术的同步、科技金融的渗透，逐步打造的是一个上下游产业的链式生态、圈网生态，从而衍生出产业的内生价值，形成在一个产业共识上的产业经济生态。

这个时候，不再是传统企业的老板们坐在一起开个会搞个联盟，也不是传统企业在龙头老大的带领下搞个行业协会和行业标准，而是将传统的行业结合了区块链、金融、科技等形成的一个新的产业体系，最终成为新的产业生态。

在产业数字经济中，需要升维达成共识的能量场，各种围绕资产、交易、金融等的资源、能量在共识的一致性下产生共振，生发出不同的能量波，不断在资产、交易、金融等角度实现增量创新、融合和衍生变化。

第三节 产业互联网

一、产业互联网泡沫

产业互联网这两年很热，主要不是因为产业本身，而是由于互联网巨头杀进来。但由于搞互联网的人不太懂产业，所以产业互联网的热闹中一部分是泡沫，往往是由于没有搞懂工业与企业、没有搞懂企业与产业、没有搞懂产业与产业链。产业互联网并不代表产业数字经济，一起来分析看看产业互联网的泡沫情况：

一部分本质是工业 4.0 和工业互联网，将工业设备上网联网和工业生产制造售后过程实现数字化，这实际上是企业的工业数字化转型；一部分本质是企业互联网，也就是"企业＋互联网"，可是为什么看起来像产业互联网？因为往往是找某个行业的龙头企业，然后加上个互联网平台，就号称是产业互联网，实际上本质是一个"产业企业＋互联网"；一部分本质是产业联盟互联网，部分联盟企业搞的互联网，从"B2B＋供应链＋大数据"入手，但因为联盟企业的各自利益相关，只是不痛不痒地进行部分集中采购或聚合销售流水，并没有深入到各个企业和整个产业的交易结构中。

如果不是一个简单的产业加上一个互联网，那产业互联网的核心应该是什么呢？

产业互联网的核心是产业化。现在很多传统产业的产业互联网实际上是一个产业升级，升级的方向是融合数字化和互联网。产业互联网的核心是产业化，而产业化涉及产业的几个核心：数字、金融、商业、全产业链。

数字化是产业化的基础，从设备、产品、渠道到交易和人的数字化，由于传统产业往往不是互联网科技产业，都是传统的一产、二产或者三产，因此需要通过物联网、人工智能和大数据等技术实现产业的数字化，而不只是一个 B2B 或工业物联的互联网。

产业化的核心是金融模式、商业模式和产业模式。产业化必须抓住金融和资本，顶层设计不能缺少金融设计。商业模式实际上是产业的交易结构，这就是产业互联网与企业的最大不同。盈利模式不再是企业的产品利润模式，而是平台盈利模式；交易结构也不再是批零结构，而是平台撮合或者金融服务或者 App；销售不再是产品销售，而是平台或社群运营，这个转变非常关键。产业模式是全产业链，不是某个企业或者某个龙头企业带一批上下游小企业，也不是一小部分企业联盟，而是真正全产业的基于产业共识建立的产业链，有共享式的平台、交易结构和产业信用等。

产业不像是一个企业，所以产业互联网的关键是不能脱离政府。产业化的关键是政府和产业、企业的角色要定位清晰。政府从产业管理和治理角度，是政治＋经济，强调政治导向、政绩和产业治理，其次才是经济；而产业是经济＋政治，强调产业经济的模式和金融资本设计，但是又不能不考虑政治导向和治理；二者往往在顶层设计上会进行政治和产业、金融的融合，形成合力，只有这样的产业化才真正有生命力，政府、产业和企业可以共同合力发展，有内在动力发展。

产业互联网的产业化离不开产业园，只是现在的产业园往往被做成地产模式，招商引资和收租金，慢慢会陷入闲置或者鸡肋状态。产业互联网需要依托一个真正产业化的产业园，一个有生命力的、可以作为产业互联网有力支撑平台的产业园，关键是要产业化、资本化。一二线城市可以不做产业化，因为它们已经有成熟的产业配套和金融、资本市场；而三四线城市的产业园必须做产业化，做全产业链，因为三四线城市往往没有产业环境和配套，如果不做产业化，就不能长期生存下去。

说到产业化，有几个小例子：富士康领导向特朗普拍胸脯要把富士康工厂迁到美国，喊了一年后发现根本迁不动，因为美国没有产业化和全产业链的基础；为什么安徽中科大设计出了大疆无人机，却是在深圳做大无人机产业的呢？因为只有深圳才有智能制造的全产业链配套环境，从芯片到制造，从人才到产业基金、资本市场等，这些都是一个产业不可或缺的。

二、互联网平台的产业互联网

互联网平台巨头打造的产业互联网，给传统产业＋一个互联网或者云解决方案，就以为是产业互联网，这其实是高估了云解决方案和低估了线下传统产业的整合难度，会跟无人零售或者新零售遇到的问题一样。

比如腾讯的产业互联网，关键看腾讯云与智慧产业事业群（CSIG），而不是看腾讯的支付和广告。在腾讯云产业事业群的解决方案里面，有通用、行业、云智大数据与AI以及教育、物联网等云解决方案；同时又有垂直产业解决方案，如游戏、电商、金融、金融风控、医疗、旅游、智慧景区、政务、企业、O2O、智慧物流、生物基因、智慧零售、智能交通、智能制造、出行、智慧司法等。

如果参照腾讯的智慧零售解决方案，已经围绕服饰连锁、大卖场/商超、百货/购物中心、快速消费品、餐饮连锁等不同业务进行了具体的设计，涵盖了线上线下、门店、营销促销、顾客触达拉新留存、智慧数据、销售分析、支付营销、经营优化、智能选址、会员经营等业务功能，基本上实现了零售行业的传统产业的数字化。

前面提到的产业化涉及产业的几个核心，如数字、金融、商业、全产业链。互联网巨头的产业互联网平台，主要是围绕传统产业的数字化。然而，除了数字化之外，新的产业互联网的主体组织形式是什么？新的整合产业链的方式是什么？真正能够驱动产业链大大小小企业进来的是什么？这是产业互联网所关心的问题。结合互联网巨头和传统产业的碰撞，产业互联网面临的现状问题是：移动互联网做不好产业互联网；消费电商做不好产业电商；产业的核心在于线下，线下的核心不仅仅是数字化。

三、线下的产业电商模式

产业化的核心是金融模式、商业模式和产业模式。我们从一个热点——瑞幸咖啡来聊聊产业互联网的产业模式。围绕瑞幸咖啡有很多争论话题，比如烧钱的模式、PK星巴克、数据造假等，我们在这里用瑞幸咖啡作为一个特别的个案。

瑞幸咖啡是一个非常极端的资本驱动的产业互联网的案例，不能简单地把它定义为一家咖啡连锁企业或者食品饮料连锁企业，其骨子里是一个科技互联网公司或者是一个"咖啡食品+科技互联网"的产业互联网，它用极致粗暴的资本驱动快速地在十几个月完成了"咖啡"产业互联网的布局。

瑞幸咖啡虽然是卖咖啡的，但是整个业务模式贯穿的是全数据化，无论是点单、外卖、优惠等全程数字化，后台的供应链也是数字化+极致成本管理，唯一的核心入口就是瑞幸咖啡App，消费者通过App来下单、点外卖或者抢优惠券等。

通过烧钱快速铺开到写字楼等主要阵地，并基于数字化建立了一个小型的新零售场景，采集着过往流量和咖啡消费者的行为或消费大数据，同时进行部分的精准推荐。还是通过烧钱，以低价高性价比的模式吸引目标客户群体——小白领，创造单店流水数据，并通过大量促销的模式吸引流量和裂变。

很多传统企业在质疑瑞幸咖啡的烧钱模式和成本利润时，瑞幸咖啡已经快速上市，快速烧钱布局，这实际上是一个比较独特的产业互联网模式："产业投行+流量投行+消费者数字化"。

产业互联网带动传统产业进行升级或颠覆的时候，往往缺少核心的动力，让产业链节点企业或参与者能够愿意拼命进来，形成真正的共识。而瑞幸咖啡的产业模式，就是从产业投行开始，一开始就确定了资本驱动，一切都是为了上市。所以，快速融资，快速烧钱，计划开 4500 家直营店，目前已经有近 3000 家门店营业有上千万的客户，客户复购率超过 54%，这些数据都是从产业投行的角度而不是企业运营者的角度来看的。烧钱补贴促销吸引的大量流量，又是整合咖啡、饮料或者食品行业的机会点，有了数千万的用户流量，继续整合（或并购）茶果饮料或者轻食等就非常容易。所以，这就是"产业投行 + 流量投行"，一开始就是上市的资本驱动，那么就可以快速聚合各种资源、团队和人力、物力来打造产业模式；而通过数字化，将消费者数字化后的大数据和流量，进一步延伸到一个科技互联网公司。瑞幸咖啡的产业互联网不只是一个食品或者饮料公司，而是更类似一个亚马逊平台，或者一个带有虚拟货架的 7 – 11，一个线上线下数字化的 Costco 会员制平台。

瑞幸咖啡如果不出现极端的数据造假问题，而是踏踏实实地从一个中国咖啡消费市场的共识入手，它的产业互联网会铺到哪些领域？

这个问题，适合传统企业来借鉴反思自己的行业如何创新产业模式？是不是还在固化传统的企业经营，而没有产业的思维？如果这样，这些企业可能会被你的行业凭空出现的"瑞幸咖啡"进行降维颠覆。

四、产业互联网的头部和长尾

既然产业互联网不是简单的"企业 + 供应链 + B2B/互联网"，我们再从不同的产业链位置的企业来对比分析产业互联网形成的可能性，因为在产业链里面，不同位置的企业对待产业互联网的思考和需求是不同的。

如果分析一下互联网平台现在深入的产业互联网，比如阿里巴巴在服装行业的布局，从 1688、淘工厂、淘品牌、辛巴达服装柔性供应链平台等形成的产业互联网平台；美团在餐饮行业的布局，从点评、预订、外卖，以及门店赋能比如 POS 收银、排号、会员等系统功能，以及正在进入的食材配送等形成的餐饮产业互联网；这些产业互联网平台有个特点，基本上整合的都是产业里面的尾部企业，即中小企业。

一个产业的头部企业——品牌企业，是很难被互联网平台公司切入整合的。因为头部品牌企业，有自己完整的产业链（虽然比较重），有自己的流量平台（虽然也在学习和利用互联网平台的流量渠道），它会思考："我"的产业互联网怎么做？从这样的角度思考，它是可以做好以自己为核心的"M + 1 + N"供应链的，但是很难自己做成一个产业互联网。

　　我们以服装头部品牌企业为例，来简单展开分析一下头部品牌企业如何思考产业互联网：头部品牌服装企业有自己的完整产业链，比如代工的生产制造厂，有设计师，有品牌零售商，这些都面临新时代的冲击，亟须转型升级。

　　（1）代工生产厂，最大的痛点是没有或者很难建立自己的品牌，很多超过上万人规模的代工企业进军自有服装品牌都失败了；品牌的建立和成长的持续性是这些代工厂的核心痛点；（2）零售商，以前是几百平方米的品牌专卖店，现在已经成为红海，基本上处于盈亏平衡微利状态，单个品牌的专卖已经很难赚钱了，现在流行的是紧跟年轻时尚潮流的品牌集合店、买手店，门店的变化不只是增加一些新零售技术赋能就可以满足的；（3）年轻设计师群体，这几年年轻设计师开始发力，围绕设计师或设计师品牌，更多体现在创意文化、设计艺术、买手上，很多年轻设计师在全球采风时装秀等进行创意设计然后转化为设计师品牌产品，很有消费者群体，也会自带流量；（4）从头部品牌企业涉及的这几个角度来看产业互联网，就不是设计一个互联网平台那样简单，而是要将这几个要素糅合到一起打造一个平台："供应链—平台—供应链金融—线上线下零售"，为代工生产厂、年轻设计师、品牌零售商提供共同的成长性平台。

　　通过头部品牌企业的线下持续合作建立起来的信任和资源而打造的新平台，将大量线下合作的 OEM 生产厂的生产制造能力结合面料等供应端打造柔性供应链，一部分自营、一部分投入，采购和库存在统一的供应链平台上，用新的激励机制或者股权激励来促进参与；将年轻设计师群体的创意设计能力打造成"买手 + 研发"的品牌设计平台，促进"天才 + 财团"模式，为有天才创意的年轻设计师提供资金和财团撮合服务，提供供应链服务，打造成为一个创意设计品牌平台；将新模式的 O2O 零售点打造成聚合创意设计品牌或时尚的集合店，通过爆款或集合的品牌库存设计新模式进行引流和促销，通过高性价比的买手折扣店或时尚集合店，将时装秀、直播、游戏等带动集合店的线下现场流量，培育零售子品牌或区域品牌，着重扶持有 100 ~ 200 家集合店的零售品牌公司；新平台提供供应链整合和供应链金融服务，提供赋能系统，关键是提供产业投行的服务，可以投资零售店、年轻设计师品牌、供应链金融，成为产业互联网的催化剂。

　　从错位的角度来看，头部品牌企业发起的服装产业互联网要注意两点：一是敌人的敌人是朋友，与腾讯合作，腾讯当前的产业互联网是服装行业的新零售互联网平台，主要在数字化和新零售上，刚好欠缺产业的头部企业资源，而阿里的服装产业 B2B 平台，更多的是长尾中小企业的供应链整合；二是县域市场，在互联网平台比如阿里以及各大品牌在深耕一二线的红海市场时，反而四五线的县域市场是个广阔的蓝海，试行品牌集合店、买手集合店的模式，会吸引大量向往一二线大城市生活方式的县域消费者，这些消费者购买力并不弱。

错位的启示无处不在，比如餐饮产业互联网，作为互联网平台代表的美团整合的也是长尾中小商户，而头部大型品牌餐饮企业或大型连锁快餐，其对应的产业互联网的方向是食材供应和中央厨房供应链的餐饮产业互联网。

第四节　产业区块链

产业互联网如果要深入数字化、金融、商业模式和全产业链，那实际上只有在区块链上才可能实现。互联网没有金融属性，而区块链天然带有金融属性，而且只有形成共识才可能有全产业链的信任。

我们给产业区块链简单总结了一句话："产业区块链 = 产业 + 金融 + 区块链。"其中，产业是基础，金融是血液，区块链是产业链的共识基础。

一、产业区块链的数字资产

如果从传统产业的数字资产化角度来切入产业区块链，我们需要从最早的金融资产入手。在近代不到 100 年的经济发展中，企业的金融资产有了几个非常大的变化，首先出现的是债券，也就是资产负债，即承诺在什么时间点给什么人多少钱；几十年后出现的是股票，是一种权益的凭证，公司按股票分红或投票决策的凭证；现在第三个阶段会是什么？在产业区块链阶段，新的金融资产是数字资产（Token），但这种 Token 到底是债权还是股权呢，还是比股权更前进了一步？或者是所有权，又或是一种什么凭证？这是产业区块链要解决和深化的基础。

从产业角度，我们可以将传统产业的资产分成几类：

（1）生产资源类资产。这个非常有特点，比如土地、茶树、果树、牲畜等，这些是生产资源，它们可以生产出消费类产品，有一定的稀缺性，而且会不断衍生出各种产品。这个生产资源类资产，会有基础的资源属性数据，会对应权证书，比如品种证书、物权证书等。它会涉及资源资产的经营权、使用权，也涉及资源的配额管理、溯源管理等。

资源类资产滋生的增加值如何再分配是产业区块链所需要关注的。资源类的未来收益或权益，需要增加锁定的限制，比如按 1、2、3 年的产量的达成情况进行解锁，分阶段获得增量收益的分成，用智能合约进行结构化。

（2）消费产品类资产。也就是我们平常说的产品和商品，比如品牌、IP 内容等，这涉及需要思考零售价格对应的 Token 价值的问题。从生产资源中创造出来的产品或商品资产，主要是消费数据，是带一定单位的使用权或受益权，有唯一的资产 ID 或者对应的二维码，可以类似于商品定价那样进行货币化。消费类 Token 的单位，是交易市场或应用内部交换的基本单位，买卖或者交换双方在此基础上创造交易的流通，这可能会花费或者消耗数字货币而获得消费类数字资产的价值或者功能。但因为是消费流通产品，这种数字资产一般不会有溢价和增长的空间。

（3）效用功能类资产。体现一种效用或功能，用于特定应用或服务的加密访问，往往是关于用益物权、功能访问、投票等。效用功能类资产是一种特殊的使用权，主要是实现功能访问或者用来丰富用户体验，实现接入或者连接等动作，也可以作为功能行为的反馈。

效用功能类资产包括证券类资产和权益资产。证券类资产比如固定收益类的收益权或者资产化收益和权益之后形成的产品，是目前证券类通常发行 STO 所对应的主要资产，我们也把它叫作权益收益类资产。权益类资产一般是产品使用或经营的受益权，或者行为、贡献的受益权等，它往往代表一种未来的收益或者权益，在某些情况下相当于或者可兑付为实际的所有权。

二、产业区块链的必要性

但在为传统产业提供产业区块链升级或者做数字资产创新的时候，我们发现并不是目前所有的传统产业都有必要性、紧迫性来这样做。在此我们列举了一些必要性来进行对比分析：

（1）需要去中介化。产业内中间渠道或层级非常多，增加了成本和损耗，需要去中介化。

（2）需要建立共识。产业里面有大大小小的企业，杂乱无章，没有建立有序的产业序列和模式，企业与消费者、产业链之间缺少信任或者需要验证信任，亟须建立产业共识。

（3）需要共享模式。企业的业务是分布式服务或紧密协同的链条，需要围绕核心资源比如资产或设备、人员进行共享和协同，从而一起将产业做大。

（4）高价值的资产。企业的产品或资产是高价值的资产，上链后增量价值比较高，变成数字资产后价值会变得更高。

（5）稀缺性或限量。企业的产品或资产具有稀缺性，有一定的限量，容易通过紧缩政策获得溢价增值，需要把稀缺性变成一种可以共享、投资、带来增量价值分享的东西，变成一个可投资和货币化的数字资产。

（6）有规模效应。企业的业务在达到一定规模的情况下可以降低边际成本，并具有海量客户的网络效应，可以快速达到一定规模，从而获得规模效应带来的海量用户。

（7）需要流动性。企业的产品或资产的流动性比较弱，需要通过经济机制促进流动性。

（8）需要信息验证和数据保真。信息不对称情况突出，企业或者消费者进行信息验证需要比较高的成本；企业的数据与产品或资产关联度非常高，数据需要通过加密技术进行防篡改等保真；而上链之后的数据可以实现保真、不可篡改。

（9）需要赋能个体。企业的传统业务依赖于中心化，个体比较被动和低效，需要激发个体的主动性，赋能个体成为独立的经营体；让整个产业链上的员工、从业者、每一个参与的个体，都能够分享产业的宗旨、利润或价值。

（10）需要价值交换。企业需要零成本的支付激励手段，与产业链内外进行价值交换，获得更多的流量和更好的流动性、周转率；通过产业数字货币、产业区块链来形成产业内的资产价值交换，不再是通过法币。这可以有效降低资金成本，充分地进行激励。

（11）需要智能设备。通过智能设备辅助业务生产或者服务交付，实现产品、服务或者消费者的数字化。

并不是所有的产业都需要立刻去做产业区块链或者马上去做数字资产，因为有些行业根本不需要；只有某些产业才需要通过产业区块链或者数字资产进行产业升级。

三、产业区块链的"五个一"

传统产业的产业区块链涉及产业、产业链、共识、Token、市场等五个要素，对其运行的规律，可以总结为"五个一"，我们将其编成了"五个一"顺口溜，如下：

一个产业建一条链，一条链建一个产业共识，一个产业共识建一个 Token，一个 Token 建一个交易所，一个交易所教育一批投资人。

（1）一个产业建一条链：是指一个产业只能建一条产业链，谁先进入，谁就有优势。一个传统产业只适合存在一条产业区块链，看谁先发优势，或者有多条链的产业最终会归并到一条有产业优势的链上。

（2）一条链建一个产业共识：是指一个传统产业的区块链需要在产业链上下游的企业和节点或者消费者的基础上建立一个当前产业的共识，这个共识可能是产品价值、服务引擎或者虚拟组织的规则等，相当于这个产业的产业标准、产业协议以及共识产生的机制，还有其中的激励、惩罚、价值共享等。所以，谁先建立标准协议、产业共识，那么谁就会有一定的话语权（但不会有绝对的控制权）。

（3）一个产业共识建一个 Token：是指基于这个产业链形成的产业共识，建立一个 Token，这个产业 Token 可能是一个产业的核心资产或者是产业的共识信用（Trust），也可能是产业的体系内支付结算激励的数字代币，也可以是一个"数字资产＋数字代币"的产业 Token 组合，但考虑到国内监管政策趋势，还是以数字资产为主；这个 Token 可能是一个组合，而不会只有一个，但一定是与共识相结合的。

（4）一个 Token 建一个交易所：为这个产业数字资产建立一个数字资产交易平台，不要发币，在产业链体系内的数字资产交易平台形成流动和交易，这个产业交易市场跟数字货币交易市场是不一样的。应该如何建立呢？一种可能是，产业自己建立自己的数字资产交易市场，对传统产业的数字资产进行认定、确权、发行和交易对、融资等，从而构建整个生态体系。当然也存在另一种可能，与数字货币交易所合作，面向传统产业的产业板，开发产业数字资产的交易对。

对于一个产业来讲，产业数字资产的交易市场，是与当前产业的现货交易市场、期货交易市场相互配合的。产业数字资产交易不再是空气，它是与实物资产相对应的数字资产交易，在这个交易里面，如果市场热情非常高，那就可以用实物兑付把泡沫消掉；如果市场下跌，低于现货价格，那现货交易市场则可以回购进行兜底，这就会形成一个良性的产业交易生态体系，和空气币完全不一样。

（5）一个交易所教育一批投资人：是指产业交易市场，需要围绕风险、数字资产、数字金融产品等对交易对象、投资人进行投资教育，从而培育一批长期参与或持有的产业投资人。这批投资人不是数字货币市场的韭菜，而是产业参与者、产业投资人。因为他们懂这个产业，所以才会持续做长久的投资。例如目前比较流行的证券类通证STO，它慢慢地会朝着这个方向发展，它是将产业实体资产进行证券化转化为数字资产，需要进行资产发行，要有标准协议，要对投资者进行注册认证，金融监管机构或者是产业协会要进行监管。

一旦这个产业数字资产交易生态建立，那么产业投资人在产业数字资产交易中心是可以通过货币来交易数字资产的。你会发现，产业的数字资产——比如区块链上的一个苹果，与你在水果电商或者电子交易中心的交易是非常贴近的。一个是数字资产，一个是现货，这相当于现货和预售或期货，二者之间可以有一个非常有意思的配合。而且在政策上也比较好接受，它是用区块链技术来做产业升级和创新的现货电子交易。

四、主要国家区块链发展战略

围绕产业的区块链，已经不只是数字货币和数字代币了，而是涉及大量与经济、科技、金融等相关的领域，比如数字资产、数字产业标准协议、产业共识、产业交易市场、产业数字资本、数字稳定币等产业领域，比如智能合约、DeFi、跨链、分布式储存等区块链技术，比如物联网、人工智能、大数据、供应链金融、科技金融等相互融合的区块链场景。同时，数字货币、ICO、STO、数字稳定币等又引起各国政府和金融监管层的关注，瑞士、新加坡、美国等正逐步拥抱加密数字时代，甚至部分国家已经发布了区块链战略，下面我们来了解一下。

1. 德国区块链战略

2019年9月18日，德国联邦政府制定并发布了《德国国家区块链战略》，通盘考虑了区块链技术的相关性，为基于区块链技术的创新设定框架条件。

此次发布的区块链战略，描述了联邦德国政府对区块链技术的整体观点，展示了联邦政府在区块链技术方面的目标和原则，并在五个方面提出了具体的行动措施：

（1）保障稳定与刺激创新：金融领域的区块链技术。比如：为电子证券开放德国法律；公布立法草案，规范加密通证的公开发售（ICO）；计划许可加密交换和保管人；确保稳定币不会成为国家货币的替代品。

（2）促使创新走向成熟：推进项目和监管沙盒。比如：资助以实践为导向的能源区块链技术的研发和示范；实行区块链的能源设施与公共数据库的连接；为能源行业建立一个跨领域的试点实验室；测试基于区块链技术的工业4.0的数字业务流程开发；研究基于区块链技术的供应链和价值链、物流行业、消费者保护、高等教育文凭等应用。

（3）使投资成为可能：明确、可靠的框架条件。制定清晰可靠的法律、技术标准规范和安全框架，给投资提供足够的安全保障。比如GDPR法案、电子存证、艺术创作、公司法及合作组织法、新型合作形式（DAO）、国际仲裁机构、官方授权身份验证等法律框架问题；同时积极参与制定标准和认证，比如能源行业的智能合约合规认证、设备数字身份识别认证验证、医疗健康系统接口等标准规范；还要加强对区块链信息安全研究评估，创新密码算法和协议的开发。

（4）应用技术：数字化的公共管理服务。比如：个人数字身份、电子信任服务、区块链基础设施、公共管理项目以及公共服务领域的移民难民等项目，跨境电商通关等项目。

（5）传播信息：知识、网络与合作。比如：护板区块链技术系列对话、中小企业4.0能力中心推动、开放合作与学会联盟和科研机构、扩大开放数据计划、研究对区块链应用的技术评估等。

近年来，德国积极拥抱区块链技术，加快布局，吸引和汇集全球人才与资金，推动了相关技术及产品的研发和产业发展，使其国际影响力得到进一步提升。跟踪分析其战略动向，对我国区块链技术与产业的发展具有积极意义。

2. 印度国家区块链战略

印度政府智库NISG发布《国家区块链战略》的政策草案，该草案阐述了印度区块链的不同使用情况，并对正在进行的试点项目进行总结，旨在为印度的区块链技术制定具体的国家行动计划。

该战略草案分为两部分：第一部分涉及基本概念、智能合约、区块链的经济潜力以及应用案例等；第二部分将在下一阶段发布，主要涵盖在印度使用区块链技术的不同建议。第一部分首先阐述了区块链技术的价值主张和对区块链技术的概述；其次介绍了区块链不同的应用领域：金融应用、数字身份管理、供应链应用、制造业、教育文凭与证书、医疗保健、电信、政府、共享数据以及分布式交易市场等应用案例，也分析了区块链技术应用面临的挑战、区块链技术的社会影响以及政府的作用等。

该战略草案同时给出了国家战略的指导原则：确保技术中立，确保国家级的政策和监管框架、知识引导技术、政府能力的发展；并列出区块链战略的关键组成：鼓励私营部门进行创新和试验，初始阶段采用轻触式监管方法，执法前应明确政策法规，法规和法律应基于执行的应用功能而不是技术，政府不应进行监管拼凑，法规或法律应清晰、可预测且有利于创新、政策制定者应该对区块链技术有全面的了解，建立区块链战略协调办公室/机构等。

该战略草案最后在愿景中提出了建议，其中建议推出由国家许可区块链管理的央行数字卢比（CBDR），该区块链通过图灵完备虚拟机运行去中心化的应用程序，并提供信任服务。相应的监管机构通过参与性节点负责监管、监督，并利用国家公共区块链平台作为信任锚定。

3. 瑞士区块链战略与加密谷

瑞士对加密货币采取了循序渐进的立场，使其使用合法化，并使加密交易在一系列环境中正式化。该国将加密货币和区块链技术视为全球金融的战略创新，并致力于保持行业的发展，同时扩大其在该领域提供的就业机会。

瑞士加密谷（Crypto Valley）所在地楚格市（Zug）被评为欧洲发展最快的科技地区，瑞士金融科技协会（Swiss FinTech）、金融市场监督管理局（FINMA）以及瑞士加密谷协会（CVU）都在为瑞士区块链创业生态系统提供指导或服务，比如这里孵化了五家独角兽，包括全球最大的区块链巨头 Bitmain 以及其他领先的加密货币组织如 Cardano、Dfinity、Ethereum 和 Xapo 等。

4. 澳大利亚与马耳他国家区块链战略

2020 年 2 月，澳大利亚政府发布了国家区块链路线图，题为"向区块链赋能的未来迈进"，以期在全球范围内的分布式账本技术（DLT）行业尚未出现的地位中发挥重要作用。

澳大利亚展示了区块链技术为该国经济带来的收益，以及从供应链、农业技术到金融科技、工业 4.0 等大多数工业领域的战略机遇。

该战略特别关注区块链技术给金融部门、国际结算以及更好的反洗钱协议等宏观经济带来的巨大进步。

2017年5月，马耳他将"区块链"定位为国家发展战略，旨在建立一座"区块链岛"，吸引了币安等一批行业龙头公司入驻；2018年6月马耳他议会分别通过了三项关于加密货币、区块链和分布式账本技术的法案。

5. 中国的区块链发展战略

2019年10月24日下午，中共中央政治局集体学习区块链技术发展现状和趋势，将区块链升级为国家战略。中央领导特别强调，区块链技术的集成应用在新的技术革新和产业变革中起着重要作用；我们要把区块链作为核心技术自主创新的重要突破口，明确主攻方向，加大投入力度，着力攻克一批关键核心技术，加快推动区块链技术和产业创新发展。

中央领导指出，区块链技术应用已延伸到数字金融、物联网、智能制造、供应链管理、数字资产交易等多个领域。目前，全球主要国家都在加快布局区块链技术发展。我国在区块链领域拥有良好基础，要加快推动区块链技术和产业创新发展，积极推进区块链和经济社会融合发展。

要强化基础研究，提升原始创新能力，努力让我国在区块链这个新兴领域走在理论最前沿、占据创新制高点、取得产业新优势。要推动协同攻关，加快推进核心技术突破，为区块链的应用发展提供安全可控的技术支撑。要加强区块链标准化研究，提升国际话语权和规则制定权。要加快产业发展，发挥好市场优势，进一步打通创新链、应用链、价值链。要构建区块链产业生态，加快区块链和人工智能、大数据、物联网等前沿信息技术的深度融合，推动集成创新和融合应用。要加强人才队伍建设，建立、完善人才培养体系，打造多种形式的高层次人才培养平台，培育一批领军人物和高水平创新团队。

要抓住区块链技术融合、功能拓展、产业细分的契机，发挥区块链在促进数据共享、优化业务流程、降低运营成本、提升协同效率、建设可信体系等方面的作用。要推动区块链和实体经济深度融合，解决中小企业贷款融资难、银行风控难、部门监管难等问题。要利用区块链技术探索数字经济模式创新，为打造便捷高效、公平竞争、稳定透明的营商环境提供动力，为推进供给侧结构性改革、实现各行业供需有效对接提供服务，为加快新旧动能接续转换、推动经济高质量发展提供支撑。要探索"区块链+"在民生领域的运用，积极推动区块链技术在教育、就业、养老、精准脱贫、医疗健康、商品防伪、食品安全、公益、社会救助等领域的应用，为人民群众提供更加智能、便捷、优质的公共服务。要推动区块链底层技术服务和新型智慧城市建设相结合，探索在信息基础设施、智慧交通、能源电力等领域的推广应用，提升城市管理的智能化、精准化水平。要利用区块链技术促进城市间在信息、资金、人才、征信等方面更大规模的互联互通，保障生产要素在区域内有序、高效流动。要探索利用区块链数据共享模式，实现政务数据跨部门、跨区域共同维护和利用，促进业务协同办理，深化"最多跑一次"改革，为人民群众带来更好的政务服务体验。

要加强对区块链技术的引导和规范，加强对区块链安全风险的研究和分析，密切跟踪发展动态，积极探索发展规律。要探索建立适应区块链技术机制的安全保障体系，引导和推动区块链开发者、平台运营者加强行业自律、落实安全责任。要把依法治网落实到区块链管理中，推动区块链安全、有序发展。

第二章

产业投行与数字资产化

第一节　产业投行

产业数字经济离不开核心的推手：产业投行，它会促进和加快产业化的进程。世界 ABCD 四大粮商用产业投行的模式，结合芝加哥商品交易所的农产品期货、华尔街的农产品金融衍生品，进行全球的全产业链布局，进而了实现"数据—期货—金融—资本—全产业链"的战略持续升级。

一、大豆产业案例

国际粮商资本以"ABCD"四大跨国粮商和孟山都为代表，充分利用芝商所期货交易的定价权以及华尔街金融衍生品和资本市场，凭借雄厚的资本市场支撑和各国银行的充裕融资，对大豆产业操控价格，趁低资本收购，垄断产业后提价，推广采购转基因大豆，想彻底控制中国大豆产业。

中国本来是大豆的发源地，一直是全球大豆生产量最高的国家，而现在中国已经成为最大的大豆进口国，短短几十年，全球大豆总产量的 60% 出口到中国市场，国内豆农却在不断减少种植，整个大豆产业链已经被国际粮商资本控制。

这些国际巨头凭借资本与经验的优势，完成对上游原料、期货，中游种子、化肥、农药、生产加工、品牌和下游市场渠道与供应的绝对控制权，然后利用资本优势迅速破坏中国原有的产业链条，使中国原有的粮食体系变为依附于四大粮商的一个环节。而华尔街的资本市场可以在全球范围内动用数以万亿美元计的资金，为了追求稳固的长期投资收益，金融投资者将大量资本投入全球食物生产和农产品贸易，粮商资本利用这些资金来收购公司和并购竞争对手。

我们来看一下大豆产业的时间缩影：

20 世纪 90 年代，四大粮商之一开始进入中国市场参与油脂和原料采购。

至 20 世纪 90 年代中期，中国基本不需要进口大豆。

2000 年，内资大豆油脂加工企业占全国产能的 90.3%。

2001 年，中国开放大豆市场，外资不断涌入。

此时，ABCD 四大粮商控制着全球 73% 的粮食交易，同时它们基于遍布全球的生产供需市场信息，操纵作为国际大豆贸易定价基准的美国芝加哥期货交易所（CBOT）大豆期货价格。

2002 年、2003 年、2004 年，跨国粮商与华尔街的投机商连续三次在国际期货市场作局，向中国大豆压榨企业"逼仓"。

2003 年，大豆价格暴涨，中国大豆加工企业高位采购储备。

2004 年，大豆价格暴跌，在遭遇国际投资基金的疯狂打压后，中国大豆压榨企业几乎全军覆没，四大粮商资本通过参股、控股、收购等低成本扩张方式大举进入，成功地控制了中国大豆 85% 的实际加工能力。

国际粮商资本在控制加工环节后开始锁定大豆来源，从它们控制的产地进口大豆；这时候，外资榨油企业开始只收购转基因大豆，而 90% 的转基因大豆种子和农药来自孟山都。

国际粮商资本在种植产地（拉美地区），用合约式种植 + 提供贷款 + 种子肥料农化，间接控制种植环节。

四大粮商开始操控食用油定价权，已经控制了中国 75% 以上的油脂市场原料与加工及食用油供应，中国 97 家大型油脂企业中，跨国粮商参股、控股了 64 家，它们凭借国际资本，已基本完成对上、中、下游的绝对控制权。

2006 年，ADM 与新加坡丰益国际共同控制的益海嘉里，在国内食用油市场占有 60%～70% 的份额，拥有金龙鱼、胡姬花、鲤鱼等食用油品牌，已经掌握了国内油脂价格的控制权，成为中国食用油寡头。2011 年及以后，中国进口大豆占比高达 80% 以上，进口量逐渐达到全球总进口量的 1/3。

至此，控制全球 90% 的大豆贸易的四大粮商控制了中国 60% 以上的实际压榨能力后，也垄断了中国 80% 的进口大豆货源。它们从南美购入廉价大豆、从美国购入享受巨额农业补贴的大豆，再高价转卖给中国的压榨企业，赚取垄断的贸易利润。在利用市场和资本将中国油脂企业挤垮或兼并之后，跨国粮商将彻底主导我国大豆产业话语权，依靠垄断优势，在中国市场攫取高额垄断利润。"南美人种大豆、中国人买大豆、美国人卖大豆并决定价格"就是大豆产业的真实写照。

二、棉花产业案例

ABCD 四大粮商的 D——路易达孚（Louis Dreyfus），其低调布局整个农业、食品行业和金融业，不仅从事谷物、油料、油脂、饲料、大米、棉花、天然及人造纤维等农业项目，而且涉及肉食、食糖、咖啡等各种食品制造，同时还深入到大宗商品国际贸易（电力、天然气、石油及石油产品）和金融业（各类债券和银行业经营）当中。

以棉花为例，由于中国的棉花行业早先相对封闭而且行情难以把握，路易达孚先以高薪挖来一批中国棉花行业的精英，尤其是部分省份棉麻公司的高管，与路易达孚的国际人才一起组成了既懂国际市场又懂中国市场的高级团队。

然后，通过完善的期货交易机制和雄厚的资金实力（海外资金和国内银行资金），通过纽约和郑州两个棉花期货市场进行跨市操作，影响国内期货市场价格，同时又利用现货市场的进口棉和国内收购加工的仓单棉进行配合，影响国内现货市场价格，最终实现在期货和现货市场的期现套利双重收益。

最后，随着中国棉花市场的全面开放，路易达孚与众多国际大棉商迅速介入，凭借雄厚的资本快速成为棉花行业中最具有话语权的外资集团。

大豆和棉花的案例促使我们认识到产业投行模式的威力。在前面的案例中，四大粮商基于大宗商品——粮食美元（国际贸易以美元结算），进行全球的全产业链布局，控制着全世界 80% 的粮食交易量和市场信息数据，同时又在现货和期货交易等金融领域双管齐下、期现套利，与控制定价权的资本市场联合参与金融交易，最终实现"数据—期货—金融—资本—全产业链"的战略持续升级。

1. 产业投行，传统、数字产业投行

从传统的农产品转回到产业数字经济，产业不是简单的"＋"个互联网，而是要围绕几个核心：数字、金融、商业、全产业链。这就意味着打造一个产业数字经济，不是仅仅需要一个赋能的互联网平台或供应链平台，而是要能够从产业投行的角色来进行投建，而这个产业投行模式，就是要做产业链的集成商、运营商、服务商和投资商。

我们以大宗商品（有色金属）为例，展开看看产业投行在产业整合中的模式。

一个产业往往要结合产业政策，比如消费拉动内需、人民币国际化、"一带一路"建设、粤港澳大湾区规划、全球油气能源投资与配置等相关政策，在这些政策的基础上，打造适合自己所在产业的产业集群和产业互联网平台。

有色金属产业，从铜到铝、镍、铬等，再到稀贵金属如黄金、白银、铂金等，整个有色金属产业体量非常巨大，粗略估算的数据：铜1万亿元人民币，黄金约4000亿元人民币，白银2000亿元人民币，铂金1000亿元人民币，铝5000亿元人民币；其中上海是大宗交易，深圳水贝是贵金属加工，广州是制造和传统金融，佛山、中山等是铝型材加工产业，这些都是核心产业链环节。

对于有色金属产业，产业区块链的场景模式是，以贯穿产业链的互联网、O2O和区块链技术平台为基础，整合和集成产业链资源和实体企业，建设和运营产业链贯通、四流可控（信息流、物流、资金流、商流）的产业区块链平台，实现"供应链管理+交易平台+供应链/交割库+金融服务+区块链平台+产业大数据"。

但是，产业投行会怎么做呢？

首先，金融布局。产业化的核心之一是金融，围绕有色金属产业的需求，要考虑一些相关的金融牌照布局：适合产业投融资的控股银行、信托资管，适合产业支付结算的产业钱包（银行或第三方支付），适合产业金融的供应链金融保理，还有产业保险、金交所（非标资产交易）和大宗金属交易中心，这些是一个有色金属的产业投行所需要布局的金融牌照资源。

其次，上市公司集群。产业投行的核心目的——资本，每个产业平台对应一个上市公司，通过上市公司的股权市值和资本溢价来吸引产业参与者，基于资本平台实施产业合伙人计划和股权置换利润、协议控股，将产业龙头企业的品牌、信用及投行、新技术、流动性注入协议控股的SPE公司。

最后，产业整合。产业投行通过金融和资本来进行有色金属的产业整合，整合的路径、方法和模式，我们用一个产业链模式路径推演分解。

2. 产业投行的产业链模式路径

（1）产业基金和产业资本生态。打造有色金属产业的产业基金，根据产业规模和体量，有色金属的产业基金一般可以在100亿元，由落地的省市政府和相关金融机构进行配资，达到200亿~300亿元，通过有色金属尤其是贵金属打造"有色金属银行"，可以吸收投资或募集资金上千亿元，这样最终可以撬动有色金属产业链上下游的万亿元资金；同时打造有色金属的资本生态，充分利用国内资本市场和香港资本市场，引入 A 股上市公司资源和香港上市公司资源参与到产业生态平台，通过并购、重组（借壳）等方式实现"1（平台）+1（科技金融）+N（产业企业）"的上市公司集群。

（2）全产业链整合。深入有色金属产业链的交易结构，对"有色金属矿—粗炼—精炼—有色金属银行—大宗有色金属交易中心—加工—制造—精益制造—终端客户—零售—回收"整个产业链进行集成和整合，通过产业投行、上市公司平台及协议控股等模式控股、参股到产业链各个企业，参股、控股交易中心和仓储，并参与到产业链体系的运营和服务中，进行产业投资，与伦敦金属交易所（LME）进行对接，参与或获得产业定价权和产业生态控制权；打通矿到国标金属的生产链、国标金属到深加工产品的制造链、产品到终端的销售链、废金属与库存产品综合回收到国标金属的回收链。

（3）产业交易中心。围绕东南亚、西亚、俄罗斯、非洲等"一带一路"国家的有色金属等大宗商品、矿产资源以及油、气，实现去美元化的易货贸易，打造有色金属银行，打造锚定离岸稀贵金属（一篮子组合）的数字稳定币作为易货额度中介，充分发挥自贸区或综保区的境内关外产能集配资源和"一带一路"跨境贸易的大环境，建设自贸区的保税仓和海外保税仓作为离岸资产托管中心，通过区块链、AI 和加密货币技术提供透明、安全、稳健、公平的易货贸易平台，实现跨境大宗易货贸易。

（4）产业平台的商业模式。建立产业平台的新组织形式，完善有色金属产业的交易中心、交割库、供应链管理公司、上市公司、科技金融公司等，有清晰的资本计划，有严谨的协议控股，有闭环风控的供应链金融；实现产业链的统采、统购、统销和统一回收，提供产业链内的供应链服务和金融服务。

（5）产业平台的金融模式。产业金融打造基于闭环产业链的金融服务，包括与银行合作的交易银行业务（详细的订单和仓单对应的交易融资），产业链内支付结算的产业钱包，参与保障和通道的产业保险，产业链内的数字资产和智能合约，产业链内的收益实现资产证券化（信托），以及基于大数据、区块链和 AI 的科技金融和供应链金融。

（6）产业生态模式。有色金属产业往往会涉及大量的生产制造、仓储物流、加工零售等园区或服务，所以产业投行部需要设计一个环保、高科技的生态模式，包括围绕有色金属或贵金属的产业新城、产业园，引入休闲旅游、珠宝零售等配套业态，吸引更多的地产公司和金融机构参与，打造"产业+

地产＋文旅＋生态社区"的产业生态新城。

（7）产业商品指数。引进退休的诺贝尔奖获得者和高端科研人才，打造世界级的产业智库，建立产业高端科研转化中心和产业指数研究院；通过产业链的核心环节，如交易中心、供应链、仓库等，有色金属的开采、提炼、加工、制造和销售的区块链，建立产业大数据；产业智库与产业互联网、大数据和 AI 合作，打造有色金属的产业商品指数；发布有色金属和产业的一篮子组合指数，大宗商品、贵金属、一篮子组合、交易指数等，与伦敦铜、伦敦铝等价格指数相呼应。

3. 产业投行模式的目的

产业投行模式通过这样一系列复杂的动作和做法，目的是什么？或者说是为了解决什么问题呢？

产业区块链的核心是整合产业链上各个大大小小的节点企业，这些企业为什么要参与到产业区块链中？只用一个赋能的区块链＋互联网平台是很难吸引它们的，它们的刚需是赚钱，而传统的价差模式已经很难通过产业互联网带来更大的价差收益增长。

产业投行的模式是改变价差模式，通过更高倍数的资本溢价来激励参与到产业区块链的节点企业。说白了，赚价差已经是微利，不足以吸引企业参与；而通过上市公司股权和市值的资本溢价，能足够吸引企业参与并获得海外融资能力和流动性；而且，通过资本的产业投行模式，整合（并购）产业链的速度和效率会更好。

所以，会有产业与资本市场合作的产业基金，会有熟谙市场信息和产业经营的产业智库，会有全产业链经营平台，然后有上市公司的资本杠杆等；涉及产业并购与整合，会有 SPV 公司和供应链管理公司，有协议控股或对赌并购方式；深入布局供应链管理和供应链金融，围绕贸易的交易中心，会有作为交割标准仓的仓储冷库、作为支付结算的产业钱包；会有在科技金融和区块链基础上的产业信用和配额。

4. 数字经济生态的雏形，数字投行

随着数字经济时代的来临，传统产业资本市场已经不能快速吸引企业参进来，而数字资本市场在未来会成为产业整合的关键。数字资本市场通过发行数字资产进一步衍生出来的数字资本模式，可以利用数字货币的高增长、数字资产的高溢价以及数字金融在海外融资的能力，来吸引和激励传统企业参与到数字产业投行整合的产业区块链中。基于数字货币和数字资产搭建一

个数字资本市场，通过发行数字资产、数字资产交易和海外数字融资、数字金融衍生品等数字资本手段，进行产业数字经济的整合和转型升级，激励参与到产业数字经济中的节点企业。

数字资本市场与传统资本市场有一些区别，但也还是一脉相承的，我们结合中国香港资本市场（持牌资管和证券公司）和海外数字加密资本市场（数字基金与STO）的经验，来分解一下建立在数字加密货币和区块链基础上的数字资本市场的模式。

如果对标传统资本市场，需要有银行和法定货币、证券交易所、基金、上市公司、期货交易中心、现货交易中心、信托、资产管理等一系列要素。而一个合规的数字资本市场，可以给产业整合带来迥然不同的变化：

第一，数字资本的资管与基金。围绕数字资产和数字货币的基金和资管是基础。通过在海外成立资管公司，比如美国特拉华州，同时在中国香港成立资管公司或收购一家合适的合规的持牌（1、9号牌）资产管理公司，作为整个数字资本市场的基础起点，然后基于中国香港的虚拟资产合规条例和有限合伙基金（LPF）条例，成立数字产业基金（Token Fund），这样就可以合规地募集数字基金并投资或经销数字资产。

第二，数字资产发行。数字资本市场从实物资产支撑的物权、收益权等进行数字资产发行，相当于映射传统贸易中的预售、期货和现货；同时，还可以在实物数字资产的基础上，通过智能合约等实现复杂的金融衍生品，比如类似资产证券化的资产包、智能合约期权、指数等；通过数字资产发行，可以将围绕实物资产及其权益的投资、期货、现货（购买）、使用（消费）、衍生品等相结合。

第三，数字资本的产业交易中心。数字资本市场通过（现货）交易中心实现实物数字资产的流动性以及数字资产的市价锚定。可以通过离岸结构在中国香港/澳门设立国际交易中心，实现上链的产业资产或商品的现货交易，并能够对接数字交易所上的数字资产的合约交割。

数字资产交易的合约交割落地，在数字交易所上的交易，一般都是厌恶交割的投资交易，但是当大盘低迷时会有交割的合约，而这个时候现货交易的实际买家就可以趁低价进来兜底实现现货合约交割，这样相当于期现套利，用现货交易来为数字资产交易进行兜底（跌到底还有现货实物价值支撑，Real Asset – Based）。

通过数字交易所的投资和合约，会部分转化为现货交割，从而带动现货交易转化，为线下产业带来交易流水。

第四，数字资产交易，类似于数字资本市场的证交所。通过产业的数字资产交易平台，去中心交易所或者 AMM 自动做市商平台，为数字资产提供流动性。无论是自建数字资产交易或与有产业共识的数字货币交易所共同打造产业板块，其模式与数字货币交易完全不一样。

数字货币交易对一般是 USDT/BTC 或 BNB/BTC 等，都是数字代币；而数字资产交易所，交易对是数字稳定币对发行的数字资产。

数字货币交易所一般都是币币交易，海外合规的有法币出入金；而数字资产交易所，一般是通过法币锚定的数字稳定币，或者贵金属等一篮子组合的数字稳定币，或者不排除直接锚定类似 Libra，与数字资产的交易投资。

这个数字资本市场的数字资产交易所有几个要点：一是不能替代法定货币，而是要打造一个锚定法币或者锚定数字人民币（DCEP）的数字稳定币，或者锚定产业的稳定性资产比如贵金属一篮子组合，当然也可以考虑一篮子组合里面也加入主流平台币比如 BTC、ETH 或 BTC 期货指数；二是要基于数字资产（数字证券）发行，通过类似 Libra 或以太坊的产业级数字资产运营平台来为产业实体或资产发行数字资产，进行交易对交易或投资。

在发行平台上，关键是资本市场的商业模式设计，技术并不是最关键的，可以基于云交易所来进行合作开发。

第五，数字资本市场的"上市公司"。为数字资产合规发行 STO（证券类通证）并在合规的 ATS 交易所进行公开交易。这就类似于为数字资产发行了一个数字股票，通过数字资管公司或数字托管代理公司协助，注册新加坡或瑞士的基金会，作为数字"上市公司"的主体，再搭建 VIE 离岸结构，将优质资产或收益装入并发行。

在数字资产发行平台上，通过数字资产评估、隔离设计和发行的过程，将产业资产或收益等发行为平台上的数字资产，挂牌成为数字资产交易所的交易对；通过资管公司将数字上市公司的资产和收益等，按美国华尔街的规则发行 STO，相当于用 ABT（资产通证化）模式发行数字资产上市交易对；数字资管公司接受委托和数字交易所对上市的数字资产交易对或 STO 进行市值管理，严格履行信息披露机制，定期进行资产公告等。

第六，数字资本激励的产业链。通过数字资本市场的数字产业基金、数字股票以及交易所二级市场的流动性，就可以基于数字资本进行产业链的整合、激励和推进，上游并购、订单生产与供应链金融以及下游销售整合，从而实现一个数字资本基础上的产业区块链模式。

每一个产业都需要打造自己的价值共识，这是发行数字资产的核心基础，也是商业模式的格局和高度所在，IP 概念和核心模式，就跟 Libra 所打造的全球货币概念一样。

产业链在区块链上，会结合数字资产发行平台和交易所的公链，再通过许可链或 DApp 进行分层跨链，将产业链内的企业的资产或收益等实现资产上链、发行，建立产业链的可信账本，实现数字资产的可溯和可信。

基于数字资产和开放金融（DeFi）等系列主题和系列热点行业，配对海外企业和国内有意愿出海的企业，基于核心需求比如数字资本溢价或者数字海外融资等目的，建立 VIE 结构或数字产业联盟。

数字资管公司从中国香港和华尔街的平台引入海外数字 VC 和海外基金，孵化该产业平台上的数字资产项目，实现产业和企业的数字加密化。

主要面向中国和东南亚的消费和数字投资市场，以及有意愿出海或者参与数字资本市场的企业/产业。

在产业的许可链和产业的数字资产发行平台上，打造数字钱包，以数字稳定币和发行的数字资产为主，作为数字产业链的支付结算清算以及数字资产 OTC 的产业钱包。

基于数字资产（Token）和产业钱包的大数据，打造投资类 Token 和信用类的信用付 Token，实现数字稳定币的扩展应用，提供产业链的数字金融服务。

数字资本市场实际上是区块链的脱虚向实，通过数字资本来催化实体经济的产业化，而数字稳定币和数字资产必须是有实体经济支撑的，这或许是一个非常有意义的数字产业投行模式，融合了产业基金、现货、期货、交易所、衍生品、资本市场等各种要素。

第二节　数字资产化

产业数字经济强调的实体经济支撑数字资产化，实际上相当于传统产业里的资产证券化（ABS），我们称之为资产通证化（ABT，Asset – backed Tokenizatized）或者数字资产通证化（Crypto Assets Tokenizatized），所以我们在这里先用不动产行业的资产证券化来对标分析，以便于初步理解数字资产化。

一、不动产资产证券化

虽然有"房住不炒"和调控、限购、限贷等政策，但中国的房地产市场依然巨大，而全球的房地产市场价值量据不完全统计有 200 多万亿美元，接近全球 GDP 的 2.7 倍。

房地产为投资者提供了获得巨大收益的机会，但因为政策和经济的原因，不动产投资与股票或债券相比更为复杂，比如进入门槛比较高、不动产遇到调控政策就缺乏流动性、所有权转移缓慢甚至有限购限售限转让等政策限制以及不动产交易的高成本如中介费用、契税等，这些问题阻碍了更多投资者进入不动产投资领域。基于区块链的房地产数字加密化解决了这些问题。将不动产资产上链、数字资产化，分布式、碎片化和货币化，将会成为房地产交易发展的趋势。

区块链对于不动产，不只是资产上链的问题，而是用 REITs 的设计思路来做不动产的数字资产化，而 REITs 就要涉及资产的结构化、增信、隔离等资产包的金融产品设计。

以一栋物业资产为例子：物业所有者想出售，但是在当前地产调控和市场低迷的情况下很难找到合适的买家。没有人能够给一个有竞争力的报价，而有兴趣的人又不符合融资条件，那么可以选择数字资产化的设计：

（1）资产数字化，资产所有者可以有选择地将地产物业资产进行数字资产化。

（2）增信，由律师、第三方机构等审计并链上相关的法定证明、增信报告。

（3）隔离，进行 SPV 设计，对资产的收益进行隔离。

（4）数字资产化（Token），利用可分割性，细分为多个小额的资产 Token。

（5）承销，通过金融机构的背书在区块链资产平台承销。

（6）上线募集，面向全球（或部分区域受限 KYC）的合格投资人和机构进行募集。

（7）交付清算，在数字资产平台上的资产交易交付。

（8）交易市场，在合规的 STO 交易所或数字资产交易市场上进行交易。

（9）租金收入和增长，从租金收入（或者转售）中获得利润。

从以上案例可以看到不动产上链的关键是数字资产化，这个过程需要与资产证券化类似的设计过程，包括：结构化、锁定、增信、隔离等金融产品设计。在区块链上，还涉及一个数字资产（Token）的标准协议。

不动产数字加密协议包括智能合约、企业结构化和财产数字化的法律合规方面。它为所有不动产市场参与者包括房地产开发商、经纪人、市场和众筹平台等提供了一个无须基础设施成本的物业数字化，通过加密协议可以创建智能合同和智能合约创建器，可以快速简单地开发数百和数千个合约，并确保 Token 的合法财产权。

基于加密协议的数字资产交易平台是数字化资产的主要销售和二级交易市场。与数字货币交易平台一样，该平台允许用户以流动性更高、成本更低的份数交易房地产。不动产数字资产交易平台为中小投资者开放市场。如果投资者的财富不足以购买房地产或者有当地法律限制或限购政策，那么他们可以购买多种来自二级市场的房地产加密资产并创建自己的多元化投资组合，例如拥有 50 套北京 CBD 公寓的共有产权 Token，而不是拥有 1 套昂贵的公寓。

二、不动产数字资产化

无论是 REITs 还是 REIF 等模式，无论是债权、股权和其他收益权，不动产企业都已经有各种成熟的传统金融模式了，那为什么还要继续讨论通过数字金融和 STO 的模式来创新呢？这是一个非常需要再次拎出来说说的话题：

第一，现在已经是数字经济时代，数字资产是一个不可逆转的大趋势，而数字资产的 Token 化（智能 Token 化），则是在此基础上的必然，由此衍生的数字金融也是紧接而来。

第二，传统金融手段和产品存在很多困境，区块链可以有效解决切片份额化后的普惠、全球 7×24 跨区域的流动性、链上开放开源的透明、加密级的篡改证明、无抵押的信任等。

对于 REITs 产品，不动产的数据透明和收益隔离非常关键，区块链可以解决不动产的数据透明度问题，不动产资产首先数字化，在链上为不动产数字资产分配唯一的地址和数据块，公开透明，并根据权限进行查阅，并允许多个节点和实体访问防篡改的资产状态。数字化资产的数据将包括诸如所有权历史、保险索赔、财务信息以及与财产有关的债务购买协议、经纪协议、租赁合同之类的记录，还有一些（可能）以前无法获得或从多个不同来源获得的大量 App 信息，以加密的形式在链上。这种不动产资产的透明度和可见度可以进一步提高投资者的信心，从而提高在新的不动产市场领域（尤其是国际市场）增加投资的信心。

对于不动产债产品，固收类的债对应的业务周期和交易结构比较烦琐，而且数据分散在不同交易环节，信息不是完全透明而且还有大量的延迟；如果基于区块链的数字债，SPV 隔离后上链，基于区块链的智能合约，以数字资产化来使数字债的数据格式标准化，通过共识开源的智能合约进行约定的利息本金给付，让数字债更加透明、更加标准化，而且有防篡改记录，从而更好地实现数字债的发行和交易。

第三节　产业数字资产化

在数字资产化的过程中总会面临一个问题：是证券数字化，即资产证券化的产品通过数字化 Token 来实现，也就是将债务/基金的份额或者权益的 REITs 产品份额数字加密化；还是数字资产证券化，即不动产资产（例如土地所有权或房屋产权）已经数字加密化成为数字资产，在此基础上的进一步证券化的衍生品设计？

如果从产业区块链的角度，当然是第二个选择，就是从底层资产开始都是上链数字加密，然后再进一步数字资产、数字金融设计。虽然前面的案例都是不动产的数字资产化（STO），但实际上只要有优质资产和有收入、收益的，都可以基于数字金融的模型进行数字资产化。

尤其是大养老、大健康、大文旅、田园小镇、文创新城、产业园区等行业，本质还是不动产，也就是养老地产、健康地产、文旅地产等，自然就适合基于前面案例的数字资产化设计。

以养老地产为例，养老地产在产业区块链角度，是一个"养老不动产数字资产+养老健康服务合约"的组合模式。

养老产业，从业态上可以简单分为：术后康复、介入式护理、失智失能护理、健康养老公寓、适老化社区等。术后康复、失智失能护理、介入式护理一般需要在养老院或者专业机构，而在社区的介入式护理和健康养老公寓、老龄化适配改造的社区等，需要上门护理或者社区护定点理。目前国内的养老产业一般都是以集中式的康养医院、社区或度假村为主，配备专职的护理人员，这也是养老地产的重资产模式；也有围绕社区地产提供分布式服务的护理养老的轻资产模式。

养老地产的产业区块链，首先是将"以房养老"的不动产进行上链和数字资产化，底层资产的原生信息和租赁收入等上链加密，隔离数字资产，按产品设计支付清算的智能合约，即建立健康养老金数字账户；其次是养老健康服务合约的数字资产化，将老年人的健康生活状态数字化上链，形成养老健康数字档案，通过智能设备和数字健康仪将老人和护理服务员的养老服务实现智能合约化、数字化和货币化，即建立"健康即财富"的数字账户，并与不动产数字资产和智能合约相关联。

整个养老地产的模式，有两个核心 Token：养老不动产数字资产和养老健康指数数字资产，一个是将养老的"房子"进行数字资产（证券）化，一个是将养老的"健康"进行数字资产（证券）化。在这个基础上，还有养老服务 DApp、养老金数字钱包、养老数字交易市场、投融资或养老数字金融衍生品等。

一般而言，"不动产＋服务"模式都适合这种产业数字资产化设计，比如健康医疗、专业服务园区、酒店度假、文旅景区、物业服务等产业。

第三章

产业数字资产

第一节　数字资产起源

一、起源与区别

严格意义讲，产业区块链里不应该简单的叫"数字资产"，这个很容易跟传统的数字资产（Digital Assets）的概念混淆，围绕区块链的准确的叫法应该是"加密资产"（Crypto Assets），但为了与国家区块链战略匹配以及让人们增进对传统产业更好延续性的理解，本书还是沿用"数字资产"的叫法。

如果回溯一下数字资产的起源，它是跟电子数据相关联的"数字资产"，而不是本书想强调的产业区块链中的实物资产加密化后的"数字资产"。

维基百科是这样介绍数字资产的："数字资产是经过二进制编码的任何被授权使用的文本或媒体资源，包括文本内容、图片和多媒体。数字资产包括网站及其内容、域名、应用软件、代码、电子文档、图片内容、媒体内容、电子货币、电子邮件、游戏账号、账号及其内容、社群网络账户及其关系和内容、云端服务账户及其数据等。从经济学角度来说，数字资产是企业拥有或控制的，以数据形态存在的，在日常活动中生产、经营或持有待售的可变资产，数字资产属于网络财产。"

百度百科对数字资产的定义："数字资产是指企业或个人拥有或控制的、以电子数据形式存在的、在日常活动中持有以备出售或处于生产过程中的非货币性资产。"

产业数字经济的"数字资产"不仅仅是将实物资产用电子数据形式展现出来的"数字"的"资产"，也不只是数字货币类的"资产"，它更多强调的是将实物资产加密化和通证化（Tokenization）的资产。

数字资产对应于区块链的核心概念：Token（令牌或通证），对于区块链而言，核心是试图用算法建立一个社会共识，所以这个共识既不是完全的与实物资产一一对应，又不是完全的非实物，除了实物资产，还有实物资产之上衍生的权益，也有可信、声誉/信誉、口碑、评价等无形的东西，这些都可以基于一种形成共识的标准协议定义为"数字资产"。

币圈则是直接将 Token 认定为 Coin（代币），区块链是将实物资产上链资产化形成 Token，以前二者就是一回事儿，现在逐步分拆，但也可能形成临界的经济模型：与实物资产有映射但不要一一对应，用算法建立实物世界形成共识的数字资产，用代币来激励和货币化。

数字经济（Crypto Economy）是一个重新分配、重新定价、重新激励的生态模型，这意味着是一种新的生产关系的建立，是新的一轮"打土豪、分田地"，是一次颠覆性的资产再分配。而这个生态模型中，代码即法律。所以既有数字资产，又有数字货币，二者是不可分割的，相互量子纠缠的有机组成部分。

随着产业区块链的深入，加密资产不只是简单的实物资产加密上链。实际上，利用物联网技术比如 RFID、二维码甚至基因检测等技术实现实物资产的一对一的加密上链，将实物资产的所有权实现电子化或数字化，但是不进行重新分配和重新定价，这意味着原来的所有者和权益持有人与现在的数字资产势必会有冲突；而且由于实物资产的替代性、二维码的攻击和仿造以及人的劣根性、道德风险的问题等，导致用新技术来做传统实物资产的信用会是一个巨大的问题，而远远不如用新技术来创建新的数字信用。

产业区块链里的数字资产，开始逐步依靠数字经济中新的数字信用，基于形成共识的算法、建立的信用协议，并通过代码来实现和运行。在这样一个新的产业区块链信用体系中，秉持一定的原则，比如代码即法律、先到先得、重新分配和货币化等。这时数字资产的再分配，虽然会设计社区自治的体系来维护，但初始节点参与制定法律的代码权、发行货币的权利，会有优先。这个生态模型中，共识和激励机制很关键，人成为其中的节点之一，当共识和机制都在代码里面的时候，我们就只需要考虑一个问题：如何形成共识？

所以，在数字经济生态中，我们要理解好与数字资产有关联的几个概念：加密资产（Crypto Assets）、通证或令牌（Token）和加密代币（Crypto Coin）。正是在这个基础上，继续理解传统经济与产业区块链的不同，产业区块链经济模式是去中心化的分布式账本，基于加密算法建立数字可信、代码实现共识机制，通过智能合约制定规则和奖罚措施，设计好社区自治的生态经济模型，发行数字资产（Token 或 Coin），实现数字资产货币化，启动数字经济生态。所以，区块链经济实际上是基于共识和 Token 的经济模型，"共识 + Token + 激励 + 智能合约"的数字资产经济体。

二、变化与重要性

传统产业对数字资产的理解，除了容易误解为实物资产的电子化、数据化，也容易误解为实物资产之上的电子票据。虽然电子票据、电子凭证等也是在实物资产之上的，但它只是纸质票据的一种数字化表达形式，其记录的只是实物资产在流通中的局部信息，而不是这些合同、物流、发票、税务、保理等背后的底层资产。真正意义上的数字资产应该是原生的、包含全量信息的、以数字形式展现和流转的这些底层资产转化的数字资产，而这些数字资产对应数字化后的订货合同、物流单据、发票、保理合同等资产，才算是真正的数字资产。这些数字资产就像证券一样，可流通、可交易，但它们难以按传统意义上的证券划分标准被归类为哪一种证券。就像数字货币的出现模糊了货币的 M0、M1、M2 等层次一样，数字资产也模糊了证券属性，也可以说更丰富了它们的属性内涵，既可以类似在银行间市场备案成为可交易产品，也可以类似在证券市场登记成为可交易的证券产品，甚至可以在合规的基础上作为支付工具使用，当然它更应该在数字经济生态中发挥核心的价值。

数字资产与实物资产的特殊关联核心体现在"数字化"的这个变化过程。而数字资产离不开金融和科技的融合，包括围绕实体经济的大数据征信、人工智能、数字货币等，实质上都是算力突破奇点后"算法 + 数据"的体现，只是侧重点各有不同而已。数字资产也是算法与数据综合应用的典范，通过 IOT 和加密等技术确保原生数据的可信是数字资产的基础，而数字资产的流通环节也需要各种技术的支撑，以保证其安全、高效、协同、可控等。

还有一种特别的变化，可能是传统产业更不容易理解和接受的，就是链上的原生数字资产（与原生数字货币有区别），比如基于 NFT 的"加密猫"（Crypto Kitties）等，它来自区块链的唯一性，可以衍生扩展到链上成为实物资产，比如授权生产玩偶或服装等。这些区块链上的原生数字资产也天生带有金融属性，有天然的链上交易市场或衍生模式，而且它不需要上链，只需要下链。

实物资产变化为数字资产后，带来了与传统产业经济不同的场景和价值，在产业区块链中有着不一样的重要性，这主要有几个变化：

（1）内在支撑：数字资产是由共识、IP 及真实的资产或收益作为内生价值支撑的。

（2）可信：基于区块链的去中心化、分布式、加密技术以及共识、算法等形成的一种数字资产的可信。

（3）份额切片：数字资产可以摆脱实物资产规格、型号的局限，进行多维度或颗粒度的份额化和切片。

（4）智能清算：数字资产可以通过智能合约来进行实时清分。

（5）可互通性：基于标准化协议，不同的数字资产可以互通。

（6）可流动性：数字资产的跨区域、全球 24 小时和接受数字量化的特点形成一种前所未有的流动性。

三、数字资产与数字金融

从产业区块链的角度来看，数字经济并不只是传统经济的数字化映射，它虽然来自传统经济的支撑，但又超脱并平行于传统经济的新生态。这其中，数字资产是数字经济的基础，数字金融是数字经济的血液。

数字资产是从实体产业和实物资产开始，基于区块链的分布式账本和加密技术，将产业的底层资产的原生信息上链存证，并结合节点和用户的身份认证，动态地继续融合资产的交易、流通、投融资等真实数据，从而最终形成不同类型的数字资产。数字资产天然就是开放、透明以及流动的，而且其去中心化的特点更能够普惠到长尾的中小企业，而不是核心龙头企业的垄断。

数字金融是数字资产基础上的流动性和市场交易、投融资和衍生品，它既有传统产业金融的内容，又有数字经济里的新金融模式；它让数字资产有更多的流动性、货币资金及投融资方式，从而使整个数字经济充满生机和活力。

由于数字资产的底层资产信息是原生的、可穿透和可信的，从而实现了一个数字资产本身就可以衍生金融，数字资产无缝承载了资产价值本身，也能够自主确权，还可以点对点去中介交换或转移，可以形成一个分布式、去中介的自金融体系。

尤其是非实物资产上链的原生数字资产，让数字金融有了分布式、无信任（许可）、开放性的特点，完全天然来自链上的资产交易、流转和衍生品，以及数字法币非 CLOB、场外 OTC 等模式，这种变化将突破金融壁垒，真正实现普惠的开放金融。

第二节 数字资产基础

一、分类

作为数字资产支撑基础的底层资产，可以分为不同的形态，这些资产形态不同从而数字化过程也有差异，比如实物资产、产业资产、非标准化资产、人力资本、知识产权 IP 等。

实物资产主要指有形的实物或产品商品，数字化可以从所有权、物权、收益等不同角度入手。

产业资产主要指产业里的核心设备或智能设备，其实应该属于实物资产范畴，只不过因为可以作为数字资产的矿机来设计，所以进行单列。

非标准化资产主要指非标准化的金融资产，不在银行或交易所交易的票据、资产、收益权等，数字化要穿透底层资产并进行结构化设计。

人力资本主要指人的劳动力价值，数字化就是将人力价值货币化。

知识产权 IP 主要指知识产权、文创动漫等 IP，数字化从 IP 资产证券化的角度。

由于数字资产的流动性非常关键，所以我们从底层资产的流动性角度对其支撑的数字资产进行了简单的分类：基础性资产、流动性资产、金融性资产、智能合约资产。

（1）基础性资产，主要是静态的、基础性的、资源类的实物资产或产品。

（2）流动性资产，即在交易和买卖基础性资产的时候所产生的流动性资产，比如订单、合约、票据、应收账款、支付结算等。

（3）金融性资产，包括银行贷款、金融负债以及收益类、权益类的衍生品（比如针对订单合约的未来收益期货和期权等衍生品），包括标品和非标品，这些叫作金融性资产。

（4）智能合约资产是新的资产，它只存在于区块链和数字资产，也就是说，这是基于区块链智能合约上的智能数字资产（Smart Token），是通过智能合约对数字资产约定的衍生品，比如对某个基础性资产或流动性资产在未来 3 到 6 个月的增值收益，然后基于分级和夹层进行约定比例的再分配，这就是智能合约资产。

在底层资产支撑的数字资产之外，还有两种特殊的数字资产：合成数字资产和原生数字资产。

（1）合成数字资产（Synthetic），是模拟实物资产风险敞口或者回报收益的数字金融工具，由一种或多种基于底层资产价值的衍生品资产组合而成，比如期货、期权、掉期、信用衍生品等，可以理解为多种金融性资产的组合。

（2）原生数字资产（Native），是链上的原生数字资产，与基于 ERC – 20 等协议的原生数字货币有区别，原生数字资产一般是基于 NFT，部分结合养成游戏，比如"加密猫"（Crypto Kittes），它是出生于链上，链上的 IP 数字资产已经可以直接投资、交易和拍卖等，同时还可以衍生到链下授权生产数字复制品或实物资产。

二、形成

1. 数字化手段

数字资产与传统的资产尤其是实物资产之间有一个数字化的过程，针对不同的底层资产，需要在数字资产的形成过程中分析如何有效利用和产生数据来进行数字化。而对于大部分资产而言，会有一些基础信息或者原生信息，这些可能是在传统的中心化系统中记录的，已经是电子格式或者数据格式，这是数字化的基础。

数字资产的形成最好是不依赖于人或主观条件的，所以要更多地考虑通过 IOT 物联网技术或自动化设备、自带芯片的计算处理单元等，将有形的资产、设备、终端、产品或者人等进行自动的数字化过程。

底层资产的真实贸易信息、市场交易信息还是要来自中心化的交易系统，交易价格将作为数字资产价格发现的参考以及预言机的参考来源，但中心化系统的数据要通过加密技术进行防篡改和一致性审计，才能够成为可用数据。

部分资产可能因为安全和保密的原因，存在于一个隔离开的内网环境里的单点系统中，这时候需要做好加密处理和内外网安全机制，数字化过程可以在内网内完成，再按安全机制进行联机上链。

2. 原生数据上链

数字资产的核心形成过程是底层资产的全量原生信息上链成为标准数据，从而实现资产的数据加密存储和上链存证，这是数字化的关键。

底层资产会有各种不同类型、不同来源和不同格式的原生信息数据，所以在上链之前要按标准格式进行数据内容的治理，通过数据质量治理后，以数据格式标准的要求上链存储到区块链的 MetaData 元数据块。而这些原生信息数据是以明文格式存储的，因此需要进行加密和隐私保护。

数字指纹是原生数据的加密手段，就是将无论长短的原生数据经过 SHA256 的哈希运算都变成 256 位的字符，这个哈希值作为数据唯一性的数字指纹保存上链，从而可以通过数字指纹比对来验证原生数据是否被篡改。

数据隐私性保护，一个是对原生数据进行加密存储，采用对称加密或者非对称加密，通过公钥和私钥解密；再一个通过零知识证明技术对数据进行隐私保护。区块链的上链存证会通过多种机制，确保只有许可方才能解密或使用数据；同时，基于加密等保护手段，增加了隐私、安全、可监管审计等商业化特性。

由于底层资产的数据将会影响数字资产的形成，所以上链存证的数据访问和使用需要提供安全审计功能，包括访问的日期、时间、用户标识、数据内容等审计相关信息；基于数字指纹比对、隐私性保护等进行链上、链下的数据内容审计；数据变更失败、节点有效性校验失败、一致性校验失败等异常情况的审计。

针对隐私保护方面，央行的分布式账本规范中指出：相关方应根据具体场景制定隐私保护策略，以使分布式账本提供的信息保密性和隐私保护的程度与执行效率达到平衡。同时，应将隐私信息按照敏感程度进行分级，并设置对应的隐私保护策略。

3. 数字资产形成过程

底层资产上链转化为数字资产，需要在区块链的分布式账本和加密算法的基础上，完成底层资产的原生数据上链、确权，审计存证不可篡改的真实交易信息等。整个数字资产的形成分为三个阶段：底层资产原生信息上链存证—数字资产模型与协议—数字资产。

第一，底层资产原生信息数据上链存证。底层资产的原生信息上链后，与底层资产相隔离开，分布式存储，不再是中心化的大数据集，经过确权分别属于原有资产（数据）权利人以及个人数据本身的个人主体。

原生信息加密上链存证，通过加密数字指纹、隐私性数据保护、零知识证明等机制实现对数据的加密和隐私保护。

第二，数字资产模型与协议。根据产业共识制定数字资产模型与标准协议，将上链存证的底层资产数据进行提纯和标准化，从而形成专业的数据集；这些数据集可能会根据不同的数字资产模型或协议，也可能根据行业、企业和场景不同，从而提纯为不同的数据集，这是初步的数字化。

数字资产模型与标准协议可以提供开放接口协议，面向产业链内不同的服务商参与到对原生信息和数据的清理、提纯、标准化或者开发定制。

第三，数字资产。经过数字化的资产数据，已经是一个初级的数字资产了；而在这个阶段的数字资产基础上，进一步将其使用权和收益权进行资产化，即数据数字资产的物权、使用权、收益权等资产化形成数字资产。

这个阶段需要根据初级数字资产的分类，并结合产业的资产结构和交易结构来设计资产化，最终实现链上的数字资产证券化。

4. 合成资产形成

合成资产是一种模拟其他金融资产价值的金融工具，通常将一种或多种衍生品（期权、期货、掉期、信用衍生品等）组合在一起模拟某一基础资产的价值（股票、债券、商品、货币等）。它不是直接通过买卖诸如股票或债券之类的资产获得收益，而是从基于这些基础资产的其他投资产品中获得回报。

专注于数字合成资产的去中心化金融合约平台 UMA 推出了合成代币构建工具（Synthetic Token Builder），用户可以创建自己的代币，来追踪任何资产价值（标准普尔 500 指数、黄金价格、法币价格、某人拥有的推特/IG 粉丝数量、你收获的点赞数⋯⋯）。举个例子，如果用户创建了标准普尔 500 指数的合成代币，就可以通过这种形式间接参与美股指数交易，甚至可以做多或者做空。

数字合成资产在保证去中心化的同时，可以增加更多的开放金融应用场景，打通数字金融和传统金融世界。

三、标准

由于底层资产的多样化和差异性，因此数字资产的数字化形成过程中标准非常关键，需要通过统一的标准协议，对数字资产的数据要素、构建形成、发行等有一致性的要求，从而建立统一的数字资产框架，构成不同类型的、可灵活扩展的数字资产标准协议。

通过数字资产的标准协议，可以定义数据要素的核心标准、确保数字资产的核心合规要求、数字化过程中的处理和反馈、数字资产的控制和权限等。由于数字资产形成的过程主要分两部分——链上存证和数字资产化，所以主要有两部分标准协议：链上存证标准和数字资产标准协议。

1. 链上存证标准

底层资产的原生信息往往是链下（Off – Chain）数据，通过标准协议来建立 Off – Chain 数据存证机制或者 worker/broker 机制，实现底层资产的链下原始数据，通过加密、数据格式、隐私保护和脱链工作机，能够实现底层资产链上存证，成为数字资产的链上原生信息基础。

链上存证的第一步是 Off – Chain 的脱链工作机，通过跨链或者侧链的实现方式，结合零知识证明、加密技术等实现数据的链上可信存证，这个类似 Layer3 的场景模式。

链上存证的第二步是在脱链工作机的基础上，底层资产的数据格式，基于特定的数据格式标准进行原生信息的数据治理，然后基于加密技术、隐私保护等实现链上数据标准化存证。

2. 数字资产标准协议

数字资产的标准协议与链上存证的标准不同，后者是围绕数据格式和加密、隐私性保护的标准，而数字资产的标准协议是链上 Token 构建、发行和管理的标准协议，它是与区块链共识和代码相结合的，所以这里的数字资产标准协议是类似 ERC – 20、ERC – 721 等标准协议。

数字资产（Token）标准协议是为了保持价值交换中 Token 的一致性，通过 Token 标准协议，可以赋予数字资产以下核心属性：

第一，共识与互认，通过标准协议形成的一致性，可以更好地互认和可信交换。

第二，透明度，对交换、转移和余额等的标准规范可以提高数字资产的透明度和可审计性，从而有利于风险控制和监管。

第三，灵活资产化，通过灵活扩展的标准协议可以丰富资产化结构设计，比如分级、份额化和流动性组合等。

第四，用户开放，让每一个参与节点和用户能够：简化尽职调查。交易所或保管人等利益相关者不再有责任完成技术尽职调查；支持资产范围扩大，公开交易的股票和债券，或传统上流动性较差的资产，例如私募、房地产、艺术品或合成资产篮子。

第五，改善的用户体验。投资者可以轻松理解为什么交易失败以及合规性需要什么。

（1）基础标准协议。ERC－20 与 ERC－721。ERC（Ethereum Request for Comment）是通过以太坊创建 Token 的规范，基于 ERC－20 的规范可以编写一个智能合约，创建"可互换"Token，遵循这个标准所创建的 Token 可以在众多交易所、钱包等进行交互，目前这是最普遍的协议，也是发行数字代币用得最多的协议。

ERC－20 协议中，实现的方法包括：必选的 balance Of、transfer、transfer From、Approve、allowance，可选的 name、symbol、decimals，事件响应包括：Transfer、Approve。

ERC－721 与 ERC－20 不同，它是一种不可互换的非同质化代币（Non－Fungible Token，缩写为 NFT）的标准接口，它包含了 10 个操作函数和两个事件函数。这意味着 ERC－20 的 Token 是可互换的、同质的，而 ERC－721 的 Token 是不可互换的、非同质的；ERC－20 的 Token 是可无限分割细分的，而 ERC－721 的 Token 最小单位是 1，无法再分割细分。

ERC－721 在 2017 年底首先被 Crypto Kitties 游戏所使用，由于 ERC－721 是非同质化代币，也就意味着每个 Token 都是不一样的，都有自己的唯一性和独特价值，当然这也就意味着它们是不可分割的，也同时具有了可追踪性。ERC－721 代表了对资产的所有权，为物品或记录的代币化提供了可能，开辟了一个巨大的市场，比如现实世界的房屋（房屋是不可移动、占据特定空间的资产，具有唯一性）和独一无二的艺术品；虚拟世界中的收藏物品，如以太坊上的很多收藏游戏中各种独一无二的收藏品；金融交易中的借贷交易记录等。

（2）ERC－1155 NFT 数字资产。ERC－1155 是由 Witek Radomski 提出的管理多种令牌类型的智能合约的标准接口，主要服务于区块链游戏中的虚拟道具。单个已部署合约可以包括可替代令牌，不可替代令牌或其他配置（例如半可替代令牌）的任意组合。

使用 ERC－1155，你可以仅使用一次交易，就能一次性把多个物品发送给一个或者多个接收方，这能有效地减少 Gas 费用和以太坊的拥堵。

Transfer、Approve、melt 和 trade 这几个函数都可以接受数组形式的变量，可以让用户在一笔交易中完成 100～200 次的批量操作。

　　ERC－1155 融合了 ERC－20 和 ERC－721 各自的特性和优点，开发者可以给自己的游戏创建几千种不同类型的道具。根据需要，每一个物品可以有自己独立的 id 或者是像 ERC－20 代币一样可以同质化。

　　ERC1404。ERC－1404 是一个带有简单限制的 Token 标准，专为证券类 Token 或数字资产化的合规要求设计的。ERC－1404 继承了 ERC－20 的所有相同优点，并进行了部分关键改进，允许发行人执行监管和转移限制。

　　新标准增加了两个基本功能：【detectTransferRestriction】此函数是发行者强制执行通证传输的限制逻辑，比如检查是否在白名单内、是否在锁定期被冻结；【messageForTransferRestriction】此函数是一个"消息"访问器，报告错误，解释交易为什么会被限制。

　　标准协议代码示例：

```
//简单限制 Token 标准接口
Contract ERC1404 is ERC20 {
//返回限制代码,
//其中 0 保留用于成功
function detectTransferRestriction (
address from,
address to,
uint256 value
) public view returns (uint8);
//返回一个消息字符串
//报告错误的消息,用于传递的限制代码
function messageForTransferRestriction (
uint8 restrictionCode
) public view returns (string);
}
```

　　ERC－2222 Profit－sharing Token：ERC－2222 利润分配代币，是对 ERC－20 令牌接口的扩展规范，新扩展的功能可以标识对资产的未来现金流的分配，例如股息、偿还贷款、应收账款或收益分红。任何人都可以寸押资金，代币持有者可以撤回其债权，标准协议可以高效地实现代币持有者的资金分配。

　　抽象：该 Token 的标准接口，用于在代币持有者之间分配诸如股息、偿还贷款、应收账款或收益分红之类的资金。代币持有者被视为未来现金流的部分所有者，付款以以太币或 Token 形式进行，持有者可以随时转让其代币，并且可以确保兑现过去的代币现金流的诉求。该接口提供了存押资金、获取可用资金信息以及提取资金的方法。

动机与理由：在 DeFi 和开放金融生态系统中，债务头寸、贷款、衍生品和债券等资产正在兴起。这些资产产生的未来现金流，例如还款或股息，需要一个清晰、简单的标准来处理数字资产未来现金流的确权和兑付，从而实现未来现金流代币与 DApp、数字钱包和交易所的交互。

接口：

接口 IFundsDistributionToken ｛

FunctionwithdrawableFundsOf（address owner）external view returns（uint256）;

Function withdrawFunds（）external;

event FundsDistributed（address indexed by, uint256 fundsDistributed）;

event FundsWithdrawn（address indexed by, uint256 fundsWithdrawn）;

｝

（3）产品数字资产。对应实物资产的数字资产在数字化过程中，主要是实现实物产品数字化。虽然是来自实物资产尤其是产品类，但分类和场景不同，其涉及的数字资产标准协议也有所不同，我们用两个案例来对比一下，一个是围绕农产品的数字资产标准协议体系，一个是预售券的数字资产标准协议。

①农产品数字资产。要将底层资产的农产品上链成为数字资产，需要处理复杂的业务逻辑和场景。首先，生产农产品的资源类资产比如土地、果树、种羊等，它会有唯一性但又能够定期生产产品（收益）。其次，农产品的品类资产，比如苹果，这是个总量，由于产地会有农产品地标品牌，所以产地会有配额的控制，这也是个 Token 标准；农产品在产出流通的时候，会经过分拣形成批次号（箱、包、袋等）的数字资产，批次号是带有计量单位的唯一性，这个批次号资产关联的才是单品农产品资产，单品是最终不可分割的唯一性资产。

农产品数字资产标准协议举例：

资源类数字资产标准协议：

描述：资源类 Token 用于定义一种资源。

适用范围：适用于农产品各行业中，需要定义一类资源的情况，如定义宁夏滩羊中的种羊，该标准主要来体现地区发行量、资源基础属性等。

配额 Token 标准协议：

描述：代表某种业务条件下的数量限制，例如一定面积土地的可售农作物数量或某种种畜单体的可繁殖数量等。可以作为一种资产被持有，并在一定条件下交易。

适用范围：适用于需要设置数字可信配额的区块链业务。

方法：

InitQuota 获取配额剩余量。

GetProduct 获取配额对应的产品 Token_ id。

TransferFrom 配额交易，由 A 组织交一个给 B 组织。

GetName 获取配额 Token 的名称。

BalanceOf 获取配额 Token 余额。

查询一个组织有多少配额，支持传入产品 id，表示产品相关的配额查询。

GetQuotas 查询一个区块链网络中有多少配额，支持传入产品 id，表示该产品在链上的配额。

产品 Token 标准协议：继承基础 Token 协议。

描述：产品 Token 标准，定义系统中的农产品品类。

适用范围：根据标准定义区块链网络中的农产品品类，如定义烟台苹果，拥有量来源于批次和单品重量之和。

方法：

InitProduct：初始化一个产品 Token，如系统中需要增加一个产品类的 Token，如神农架蜂蜜，初始化时仅输入关键字段，其他字段通过 set 方法补充，初始化完成后，返回 Token_ id。

GetProductsByOrganizaiton 拉取区块链网络中我持有的产品列表。

GetProducts 拉取区块链网络中所有产品列表。

批次 Token 标准协议：

描述：批次 Token 的标准，定义农产品通用的一些方法和属性。

适用范围：批次 Token 标准适用于定义一个批次的农产品，批次、粒度根据实际业务确定，对于水果来说，可以是一批进口水果，或者一个采摘箱，或一个打包好可用于销售的盒装商品。

方法：

InitBatch 初始化一个批次 Token，批次 Token 是唯一的，分拣时需要调用批次 id，传入从什么批次中分拣出来的，支持传入配额 id，对批次进行关联配额。

GetProduct 获取一个批次对应的产品 id。

TransferCommit 对交易给我的批次进行确权，并向对方打款。

TransferFrom 批次 Token 交易，由 A 组织交一个给 B 组织。

BalanceOf 获取批次 Token 余额。

GetParentBatch 获取批次 Token 余额。

②加密券协议 APT：商用公链 BUMO 针对实物资产的预售权、优先权、提货权等数字资产设计了加密券 ATP 协议，ATP 协议基于 BuChain 的账本结构对此类数字资产进行 SKU Token 发行、增发、转移、授权、兑付和纠纷，并支持认证证书和法律文件。

ATP（Account based Tokenization Protocol）是"Non‐Fungible Tokens（NFT）"，可以翻译为不可互换的 Tokens，即每个 Token 都是独一无二的，是不能互换的。

标准：NTF ID 即 Token id，在合约中用唯一标识符。

事件：函数 issue、transfer、transferFrom、Approve 会触发事件，事件是调用 tlog 接口，在区块链上记录一条交易日志，该日志记录了函数调用详情，方便用户阅读。

功能函数：函数 issue、totalSupply、balanceOf、ownerOf、Approve、transfer、transferFrom、TokensOfOwner、TokenInfo、name、symbol。

合约入口：

Init 创建合约时候，触发合约 init 入口函数，负责合约创建时的初始化。

Main 负责数据写入，其中包含了 issue、transfer、transferFrom、Approve。

query 负责数据查询，其中包含了 totalSupply、balanceOf、ownerOf、TokensOfOwner、TokenInfo、name、symbol 等接口。

（4）资产化数字资产标准协议：数字资产标准协议必须着重介绍的是证券类数字资产（STO）的标准协议，作为美国、瑞士、新加坡等监管合规的 STO 发行和交易所采用的 Token 标准协议，是 STO 非常关键的基础。从不同的发行平台和交易平台，目前比较成熟的 STO 标准协议有：ST‐20、R‐token 和 DS 等。

①ST - 20 标准协议：Polymath 的 ST - 20 标准，以模块化的方式打通了 STO 发行的流程，每个功能主体之间的利益分配由 polymath 发行的内部 ERC - 20 的 Token（POLY）作为交换媒介实现流通。Polymath 将 STO 生产环节模块化地分为几个类别：投资人、KYC 认证方、法律合规方、数字资产发行方（类似投行）、数字资产发行主体。每个环节都可以调用 ST - 20 标准中模块化的函数，之间的服务费用以 POLY 作为结算手段。

ST - 20token 标准是在 ERC - 20 协议的扩展，添加了一个关键方法 verifyTransfer 来实现证券类 Token 所需的根据特定规则控制传输的功能，包括以下功能：在执行转账前检查传输双方之间的转账是否有效，回收由于欺诈或丢失密钥而失去的 Token，增强 Token 转账以允许使用共同签名的方法等。

ST - 20token 有一个必需的 verifyTransfer 方法，该方法在执行 transfer 或 transferFrom 方法时被调用，verifyTransfer 方法将确定该事务是否可以完成。verifyTransfer 的实现默认方法是由 GeneralTransferManager 控制的白名单。

标准协议地址：https：//github. com/PolymathNetwork/polymath - core

ST20 接口：

```
contract IST20 {
    // off - chain hash
    bytes32 public TokenDetails;
    // transfer, transferFrom must respect the result of verifyTransfer
    function verifyTransfer ( address _ from, address _ to, uint256_amount ) view public returns ( bool success );
    // used to create Tokens
    function mint ( address_ investor, uint256 _ amount ) public returns ( bool success );
}
```

②R - token 标准协议：Harbor 的 R - token 标准协议，基于以太坊提供服务实现在符合证券、税务以及其他监管条例的要求下发行基于 ERC - 20 的证券型 Token，其标准化流程包括了 KYC/AML、纳税原则、信息披露和通过该系统生成的每一种 Token 的评估状态等。

在代码设计的层面实现合规的 Service Registry 模块，意味着其成为在智能合约上运行着的监管机构，Token 的每一次流通都需要被确认为符合美国 SEC

监管政策，并且是在满足 KYC/AML 和税务政策下的合规操作。R – token 标准实现了 Token 在 ICO 和二级交易中以及跨区域的交易所和个人之间的合规转移，并受证券监管。

R – token 通过 ERC – 20 方法 transfer（）和 transferFrom（）进行额外的检查以确定是否允许进行转移。check（）可以采用多种形式，默认的白名单方法由 TokenRegulatorService 实现，通过当 Token 和参与者级别的权限组合来满足监管要求。ServiceRegistry 是一种升级机制，可以根据随时间变化的逻辑规则来方便地升级 R – token。该 ServiceRegistry 指向多个 RegulatedToken 的智能合约 RegulatorService，从而通过更改 RegulatorService 对应的地址来升级对应实施的规则和逻辑 ServiceRegistry。

接口 TokenRegulatorService 实现 RegulatorService 的 Token 级别权限和参与者级别权限。

地址：https：// github. com/harborhq/r – token。

RegulatedToken 实例：

```
function transfer (address _ to, uint256 _ value) public
returns (bool) {
    if (_check (msg.sender, _to, _value)) {
    return super.transfer (_to, _value);
    } else {
    return false;
    }


    function transferFrom ( address _ from, address _ to,
uint256_value) public returns (bool) {
    if (_check (_from, _to, _value)) {
    return super.transferFrom (_from, _to, _value);
    } else {
    return false;
    }
    }
    function_ check (address _ from, address _ to, uint256 _
value) private returns (bool) {
```

```
var reason = _service ( ) .check (this, msg.sender, _ from,
_to, _value);
CheckStatus (reason, msg.sender, _from, _to, _value);
return reason = = 0;
}
```

③DS - token 标准协议：Securitize 平台的 DS - token 标准协议在兼容 ST -
20 和 R - token 的基础上，还充分考虑了 STO 的证券属性，比如分红（divi-
dend）、投票（voting）、二级市场交易等情形，提供包括确立发行人及其法律
团队的法律和监管准备、根据 KYC/AML 认证或其他法律要求简化投资者注
册、定制智能合约以匹配发行人的独特要求和整个 STO 的安全等多项服务。

DS 协议接口：该存储库包括定义 DS 协议所需的主要接口的智能合约以
及有助于与其进行交互的 ABI（应用程序二进制接口）。

DS Service ConsumerInterface：DS 协议的基本结构，允许不同的组件能够
动态相互关联。

DS Token Interface：定义 DS - token 本身的接口，是 ERC - 20 标准的扩
展，但包括与数字证券相关的其他机制，例如以投资者为中心的余额或通过
持有 Token 的钱包进行迭代的功能。

DS Trust ServiceInterface：信任服务的接口，允许在 DS - token 的上下文中
分配信任角色，以便授权的参与者或 DS Apps 可以与其余服务进行适当的
交互。

DS Registry ServiceInterface：此接口定义了注册服务的功能，该功能保存
有关投资者的相关信息，以确保发行或交易期间的合规性，同时也保护投资
者隐私。

DS Compliance ServiceInterface：这是 DS - token 将用来确保在其生命周期
内对发行和交易的不同操作进行验证的接口。

DS Token 标准协议示例：

```
contract DS TokenInterface is ERC20, VersionedContract {
constructor ( ) internal {
VERSIONS.push (1);
}
string internal constant CAP = "cap";
string internal constant TOTAL_ ISSUED = "totalIssued";
```

```
string internal constant TOTAL_SUPPLY = "totalSupply";
string internal constant BALANCES = "balances";
string internal constant INVESTORS = "investors";
string internal constant WALLET_LIST = "walletList";
string internal constant WALLET_COUNT = "walletCount";
string internal constant WALLET_TO_INDEX = "walletToIndex";
string internal constant PAUSED = "paused";
event Issue (address indexed to, uint256 value, uint256
valueLocked);
event Burn (address indexed burner, uint256 value, string
reason);
event Seize (address indexed from, address indexed to,
uint256 value, string reason);
event WalletAdded (address wallet);
event WalletRemoved (address wallet);
// CONFIGURATION
function setCap (uint256_cap) public /* onlyMaster * /;
// TOKEN ISSUANCE (MINTING)
function issuetokens (address _ to, uint256 _ value) /*
onlyIssuerOrAbove * / public returns (bool);
function issuetokensCustom (address _ to, uint256 _ value,
uint256 _ issuanceTime, uint256 _ valueLocked, string _ reason,
uint64 _ releaseTime) /* onlyIssuerOrAbove * / public returns
(bool);
function totalIssued () public view returns (uint);
// TOKEN BURNING
function burn (address_who, uint256_value, string_rea-
son) /* onlyIssuerOrAbove * / public;
// TOKEN SIEZING
function seize (address_ from, address_ to, uint256_ value,
string_reason) /* onlyIssuerOrAbove * / public;
// WALLET ENUMERATION
```

```
    function getWalletAt (uint256_index) public view returns
(address);
    function walletCount () public view returns (uint256);
    //MISCELLANEOUS FUNCTIONS
    function isPaused () view public returns (bool);
    function balanceOfInvestor (string_id) view public re-
turns (uint256);
    function updateInvestorBalance (address_wallet, uint_
value, bool_increase) internal returns (bool);
    function preTransferCheck (address_from, address_to,
uint_value) view public returns (uint code, string reason);
    }
```

四、估值方法与会计准则

传统产业要全面接受数字资产，还要解决一个核心的"价值观"问题，也就是对数字资产的估值方法和会计记账，只有解决了这个问题，数字资产才可能像实物资产或者无形资产那样全面进入传统产业，成为核心的资产和价值载体、投融资对象。

1. 估值方法

针对数字资产，由于对应不同类型的金融资产，比如数字货币或者底层资产的权益产品等，所以其估值方法可以分为两类：

（1）成本法，可以按买入成本或者摊余成本来作为估值。这个可能会带来比较大的浮动，比如价值已经上涨了很多，这个会有盈亏盘点。

（2）市价法，也称公允价值法。对于传统资产会分三种可能性：一是市场交易价，即交易市场的收盘价或者上个交易日的平均成交价；二是预期现金流，预期现金流量折现来确认现值；三是第三方估值，如中证估值、中债估值或者会计审计所估值。对于数字资产，基于数字资产交易市场的市场交易价是可以的，但是由于数字资产交易是全球性、7×24 小时，所以部分交易平台会有休市时间，比如数字货币期货期权交易平台 Bakkt 每天会休市两小时，这样就由收盘价和平均成交价作为市价了；而后面的预期现金流量对于数字资产相对难一些；第三方估值在数字资产领域还暂时没有权威的第三方登记、评级或审计平台，所以暂时不太适合，但未来逐渐成熟后第三方估值可以作为公允价值。

2. 会计准则

数字资产在传统企业的财务记账非常关键，毕竟有了对应的会计准则，再结合前面的估值方法，才能够计入企业财报中，否则很难被传统企业接受。结合合规、审计以及会计准则的要求，我们认为数字资产基本上可以计入四个类别的会计科目：

（1）商誉、无形资产。一般对应品牌、IP等相关资产权益化的数字资产，也可以归入商誉或无形资产。但这个科目有个问题是需要摊销。

（2）可交易资产。一般对应前面分类提到的基础性资产，"marketable security" ——可交易资产，对应市价。

（3）可交易金融资产。一般对应前面分类提到的金融性资产，金融资产或负债，对应实体资产中的股票或债券。

（4）可变动现金。这个主要是来计入数字货币或数字代币的货币类数字资产。

在这里要特别说明一下"无形资产"，很多没有实体资产支撑的ICO常见做法就是将Token对应到商誉或者无形资产，但这里的"无形资产"主要是指没有实物对象的资产，比如包括专利、品牌、版权等无形资产，就是要通过会计准则、估值方法和合规等将数字资产与现实世界的无形资产进行转化。

3. 价值交换模式

从记账的会计准则延伸来看，数字资产与传统资产还有一个核心的区别：在资产交换方面，数字资产是一种价值交换模式，而传统资产更多的是一种记账信息交换。

数字资产是基于Token，是唯一资产，它是已经确权的价值本身，价值交换是点对点的，可以是分布式的，不需要一个中心化的交换中心，而且可以切割份额，进行交换和转移。

传统资产是基于Account，是记账账户，它实际上是账户的信息，并不代表资产本身，交换的时候实际上是通过一个中心化的记账系统，只有在结算兑付时资产本身才转移。

这也是为什么Account模式的交换需要一个中心化的CLOB（中心限价订单簿）模式进行清算结算，而Token模式的交换是基于去中心化的交易模式，开放金融（DeFi）的流动性兑换池、AMM 自动做市交换，或者是场外衍生协议的直接交易资产而且交易即清算结算。

第三节　数字资产体系

一、数字资产体系

数字资产是数字经济的基础，也是数字经济的要素资产，是数字资产交易和数字金融的基础资产或标的资产，因此数字资产体系非常关键，它直接决定了数字经济的格局和发展变化。

整个数字资产体系，会围绕对数字资产的定义、分类以及资产数字化和数字资产化、实物资产的数字化和进一步的数字资产化、数字原生资产的"资产化"，等等。这个数字资产体系，需要数字资产的标准协议，在无信任的模式中实现信任，让传统产业的数字资产以及数字世界的原生资产能够在数字资产体系中相互融合或者进一步合成，从而形成一个无许可、无准入的数字资产体系。

新的数字资产体系，已经与传统经济的现货实物资产、期货期权等衍生品、知识产权与商誉等无形资产等迥然不同，它既有完全链上的数字原生资产，也有实物资产数字化、结构化的数字资产，还可能有相互融合的合成资产；同时，它可能基于有登录、定价和规管的中心化发行模式，也可能基于超额抵押、点对点交易对手的无许可、无准入、无定价的模式发行。

只有这样的数字资产，才可能建立起真正弯道超车或者超越传统经济的新产业数字经济模式。

二、规划

一个数字资产体系需要做好规划，要定位好是一个无边界、全球性的数字资产体系（这个往往是完全基于链上的数字资产所具有的特征），还是一个区域性的（比如"一带一路"数字资产体系），或者是一个国家性的，或者是一个产业领域的（比如不动产数字资产体系），也可以是一个企业的（比如沃尔玛的企业数字资产或者耐克的数字资产体系)。

数字资产体系的规划需要有一个纲领性的白皮书,它将所规划的数字资产的目标、宗旨、共识、标准协议、经济模型或者流动性场景等进行了设计和阐述,并通过社区或者 DAO 进行广泛的传播、讨论和达成一致。

在数字资产的场景规划中,对比国家的区块链战略中提到的五个场景,最突出的是数字资产交易场景、将数字资产作为标的资产的数字金融场景,以及围绕产业数字资产的供应链金融、工业互联、数据要素等产业场景。

涉及全球化或者区域性,要规划数字资产的通用协议、互认互通、实时结算等问题,还要与链下的供应链、物流监管、离岸托管等相结合,形成一个无准入壁垒、无互通壁垒的数字资产体系。

三、合规

与数字货币直接是链上原生资产不同的是,数字资产是既有链上的去中心化的数字资产,也有链下的偏中心化的实物资产数字化资产,因此在合规上,前者是去中心化的链上规管,后者是中心化的传统规管。

数字资产的合规,要从传统的 FIAT 体系内符合监管和规范条例,比如法律合规、财务合规等;同时,围绕链上的数字资产或虚拟资产的相关合规法律条例,或者证券化方面的规管,也要满足合规设计。尤其是数字资产的资产证券化后的募资方案,从募集对象、比例、金额、股份比例、同股同配等要符合合规登记或审查;发行登记以及交易,也要符合合规要求,满足证券法规或者交易(类似期货交易、衍生品审查等)监管条例等。

数字资产可能会基于开放金融(DeFi)绕开部分监管,但要基于审慎监管的态度,在创新的基础上还是要拥抱监管,主动开放和透明。监管的核心目的是保护中小投资者,这与开放金融的普惠宗旨是一致的。

数字资产的合规其中一个关键部分是投资人(用户)身份识别(KYC),虽然区块链是一种伪匿名,但可以基于零知识证明等隐私技术,既可以实现身份管理,又能够实现部分匿名特点。由于数字资产与金融资产类似,因此 KYC 的有效身份管理,会类似金融的用户数字身份,比较复杂和严谨,可能要包括身份注册、身份核实、数字账户密钥管理、身份鉴别、节点角色管理、身份更新和撤销等。

四、评估

如同资产证券化要对标的资产进行资产评估和会计审计一样，数字资产也需要全面资产评估，只是因为数字资产的差异化，资产评估部分会采用传统的资产评估审计的方法，通过中心化的权威机构（FIAT 模式）对实物资产支撑的数字资产进行评估；而链上的原生数字资产，则会采用去中心或 DAO 的方式（无许可区块链模式）进行投票、抵押等方式实现一致共识。

资产评估是数字资产结构化过程中的一个增信环节，无论是中心化权威机构的评估审计，还是 DAO 社区治理中的投票、抵押共识，都是增加数字资产可信和名义价值的关键环节。

资产评估有时候会涉及对所支撑的底层资产或实物资产的检验，这会涉及部分物联网技术和溯源技术，同时也会涉及部分产品认证、技术认证或者产地/品牌/质量等方面的认证，这些中心化的手段是一种辅助，而不是全部。

五、资产结构设计

数字资产的结构设计要先确定好该数字资产的设计模式，包括资产类型、关键要素、标的资产等，比如围绕实物资产支撑的基础资产或合成资产，或者有原生数字资产的合成资产，或者有对应实物资产风险敞口的衍生品合成数字资产等。

实物资产支撑的部分如同前面所言，可以借鉴资产证券化 ABS 的结构设计，ABS 或不动产的 REITs 等设计有各自不同的关键点。前面介绍过，在基础资产数字化并上链后，数字资产借鉴 ABS 的产品结构可以通过链上的智能合约实现，比如对标的资产收益权的封装、内在资产的合并组合、分层分级的设计、优先和劣后的定价、清算分红的规则等；同时，基于区块链的安全模块，实现投资人的 KYC 以及认购人公钥和认购份额的实现。而数字资产结构中的原始权益人、资产方、投资人、资产运营机构、管理人以及评级机构、审计、保险、交易所等，都可以在链上通过智能合约进行映射和赋权。

一部分不动产权益资产或者一些特殊的实物资产，涉及资产不能出境的规管，因此可能还需要搭建红筹架构（VIE）来实现资产权益可以出境的数字资产。

链上原生数字资产的资产化结构设计会不同于实物资产的资产证券化模式，而是从区块链的去中心角度，无许可、无信任的模式，基于 NFT 唯一性、超额抵押、合成资产、DAO 治理、流动性池等特点进行结构设计。由于原生数字资产都是在链上，可以无许可和可编程地进行处置，不涉及链下的实物资产所有权或交付交割的，从而数字资产的结构是开放的、开源的以及无准入的，一般会结合点对点的交易对手结构，以场外 OTC 的主要方式，并通过链上的抵押、托管或者智能合约进行隔离，而价格数据可以来自喂价的预言机，并可以设计自动做市的流动性池。

合成资产的结构则更进一步，它将已经资产化、通证化的数字资产像乐高积木一样，继续互通组合（不同协议类型的资产组合到一起）或者连续组合（不同期限的同类资产连续到一起）等，基于开放式的金融合约和跨协议、跨链，进一步组合成为新的数字资产。

比如基于链上的以太坊 2.0 机制，通过 Plasma ovm 或者 zkPool 零知识证明等实现侧链 Layer2 上的数字资产产品结构，其中的资产与以太主链的 ETH 相结合，随时可以退回到以太主链上的 ETH，这是一种特殊的链上隔离的结构方式。它既可以安全地提高资产交易的效率，又可以实现安全的资产隔离或托管的需求。

六、发行

数字资产的发行会涉及发行主体、发行标准、发行平台以及发行流程，同样也会因为中心化的实物资产支撑的数字资产发行，与去中心化的开放金融的链上数字资产发行会有差异，后者更多的是以区块链的方式来分布式发行，但可能会接受部分规管。

发行主体会是一个新的数字资产运营实体或者控股公司，然后下设特殊目的公司 SPV 来持有数字资产，拥有底层资产的传统产业公司控股或参与到新的数字资产公司，规划和运营整个数字资产的发行。

发行标准会对数字资产在合格投资人、募资、交易等方面进行一些标准化管理，比如合格投资人的条件、最小交易量、募集要求、交易标的属性与要求等。它可能会参考或类似传统标准化金融产品的标准，比如股票或期货的发行标准，但又会有数字资产的独特属性和标准。

严格意义上讲，数字资产发行的申请、注册、登记等都需要在链上，因为资产数字化后也都在链上了，但可以是围绕无许可公链的侧链或子链，确保数字资产数据流程的安全和可信，相当于实现一个链上的数字资产登记合约，类似传统金融产品的"中证登"环节。同时，要针对数字资产的资产数字化结构和发行过程进行合规，通过监管部门和律师事务所实现相关规管的合规。

数字资产登记和合规之后就可以展开募资、交易或者流动性，比如证券类数字资产（STO）在备案前后就可以进行私募；非证券类数字资产就可以在相关交易所或场外 OTC 进行交易或流通，也可以进入开放金融平台进行流通。一般而言，链下中心化的数字资产登记和合规备案需要一系列的规管表格，这其实是传统金融证券的数字化程序，而链上开放金融模式的数字资产体系未来会更吸引人。

发行平台分三类：一类是用于证券类数字资产的 STO 交易所（ATS 另类交易所牌照），还有的是去中心化交易所 DEX；二类是基于智能钱包或者链上的场外 OTC 交易；三类即特殊类型的非平台类，适用于私募的数字资产基金（Token Fund），通过份额 Token 化的私募投资基金或信托基金来发行数字资产。

数字资产发行中，有必要引入保荐人的模式，这个不仅仅传统金融产品中有，在链上的开放金融合约里面也有托管人（keeper）或保荐人（broker）等角色；同时，会在数字资产结构中引入保险服务或保险金融合约，为数字资产增信。

七、托管

数字资产的托管主要是指对数字资产的密钥的授权保管和抵押的机密资产的第三方托管，包括中心化的交易所的托管和数字资产专业资管公司的托管。在链上的数字资产，有专业并独立的第三方托管人和设施，会让投资人更放心让机构来代表自己进行交易，而不用担心自主性和隐私性。

数字资产基于区块链的特点是通过私钥控制访问的，有了数字资产的私钥就可以拥有对资产完全的控制权。这就意味着如果是在无许可的公链上的大规模交易中，数字资产的私钥一定要安全地掌握在合适的人手中，如果密钥丢失或被盗，那数字资产也无法追回。

专业的托管服务不仅仅解决密钥安全，还接受监管提供符合用户身份识别（KYC）和反洗钱（AML）要求，尤其是机构客户，会面临各种交易对手风险、安全攻击、托管问题和监管不确定性等问题。

数字资产的生态市场不仅包括数字资产的资方（taker）和做方（maker），还会有托管人（keeper）和经纪中介（broker）等各种角色，再与交易所或DeFi的场外市场相结合，专业的托管人或者经纪商也会成为链上的一个交易对手，参与到数字资产交易过程中。

当然，数字资产市场不同于成熟的传统金融市场，目前的数字资产托管有不同的模式，有的资产托管会作为交易对手与数字资产交易所进行深入合作和存管，交易效率更高；有的托管人会选择第三方的托管机构而不参与交易，确保独立性；技术上，有的采取冷热钱包和硬件的结合，有的采取链上智能合约和抵押等创新模式的结合，对于不同的交易角色或需求，会有不同的解决方案。

未来成熟的数字资产生态可能会有多种形式的数字资产托管同时进行，资产管理公司可能利用不止一种托管服务（以分散风险）和不止一种解决方案（取决于投资策略），而大型机构投资或专业金融机构，可能会有需要符合监管的银行级标准解决方案。

数字资产的特殊性是全球化、7×24 小时，因此数字资产托管也需要 7×24 小时提供企业级托管解决方案。而按照美国证券监管部门 SEC 的规定，客户资产价值超过 15 万美元的机构投资者，必须将所持资产存放在"合格托管人"，合格托管人包括银行、金融机构、注册经纪交易商、期货经纪商等。围绕数字资产（包括 STO 数字资产）投资者的实际需求，传统机构和交易所提供数字资产托管业务未来会成为大势所趋。

围绕数字资产的托管与清算，会涉及投资人对数字资产和实物资产映射的法律关系的认知，认可中心化交易所往往是认可传统法定世界的法律效力，认可去中心化算法的往往是认可可编程代码和开源共识、开放社区，二者不一定能够达成一致，并在很长时间内会形成两种分裂。

八、透明

链上数字资产的投资人非常关心支撑内在价值的实物底层资产，其底层资产可见数据非常关键，因此需要建立一个可信的透明机制，将托管和隔离的底层资产能够公开透明、信息对称、不可篡改。但由于链下资产的数据毕竟不同于链上的原生数字资产具有基于区块链的共识可信和不可篡改等优势，也不是简单地将链下底层资产数据上链就可以。

数字资产的透明机制可以从几个方面来建立：

第一，资产穿透。基于数字资产化模型实现可信、透明的数字资产的底层资产穿透，通过区块链 DApp 或场景界面实现底层资产的原生信息可视化追溯，让持有数字资产的人可以随时随地查询数字资产及其底层资产的透明数据。

第二，资产托管。建立链上的数字资产托管或代理人节点，对底层资产和通证化后的数字资产建立存管机制，通过底层资产 NFT＋托管/存管 NFT 的合成可信标识以及共签机制等，实现链上的数字资产托管。

第三，信息披露。建立链上的信息披露机制，借鉴上市公司公告与信息披露模式，形成信息披露的标准化、结构化和编码化，发行人、托管人或代理人将符合披露标准的标的情况、资产权属、资产运营、资管公告、重大信息等进行公示，并建立投资人社区互动渠道。

第四，披露预言机。建立信息披露的预言机以及披露的可查询模型，不同于交易数据的预言机，而是按信息披露标准可编程的数据格式或者智能合约发布公示信息披露，通过发行人、托管人或代理人结合质押、staking、押注等各种方法，形成有一定可信的预言机模式，专门来进行数字资产的信息披露。

第五，分权治理。权力下放到 DAO 社区公开透明治理，投票决策，社区共管，并建立见证人和社区仲裁模式，通过节点参与和社区发布赏金任务等，实现分布式验证，从去中心化的节点和社区促进数字资产的透明。

九、交易

数字资产是数字经济的基础，而数字经济要活起来就要让数字资产流动起来，因此数字资产交易是非常关键的环节。但因为要素交易市场和交易所是金融监管的敏感点，所以数字资产交易虽然出现在国家的区块链战略的五大场景内，但是其推动和落地还在不断讨论和实践中。

如前所述，这里的数字资产主要是指链上的数字资产，它可能包括三部分：非数字货币的链上原生数字资产、实物资产支撑的数字资产、数据要素资产，而分别对应的数字资产交易场景也有所不同。除了这三部分，可能还有一个传统金融资产交易通过区块链或分布式账本（DLT）升级的交易场景，所谓的数字证券交易。

数字资产交易的首要问题是资产定价，或者发售发行价格模式。不同类型的数字资产定价模式和发售模式都不同，对应的协议标准也不同，交易环境也不同，最终形成的交易对也可能不同。

然后是交易标准的问题，不同的交易所无论场内场外或者链上分布式交易所 DEX，都会制定自己的交易特别协议，通过链上的智能合约进行开源公开透明实现，交易规则等不再是落在纸上，而是通过可编程的代码合约来链上实现和处置。

在交易场所方面，中心化的数字资产交易所可能短期内推动落地比较难，也就是类似证券交易所或者数字货币交易所那种 CLOB 中央限价订单簿式交易所来进行数字资产的交易是很难的；部分持牌的 STO 交易所在证券类规管下可以进行部分流动性的交易，但还很难成为主流平台。

反而是去中心化交易所 DEX，基于数字资产标准协议的场外 OTC 或合成资产的场外衍生品交易市场，对类似实物资产的衍生品资产或抵押资产形成了不可忽视的流动性交易，甚至在 AMM 交换市场进行了试点创新。

On – Chain 的数字资产交易与传统的金融交易所（证交所、期货交易所、金融资产交易所等）是不同的维度，因此数字资产交易所不应该片面地追求传统金融的合规和适应，比如按传统金融交易的撮合交易、量化交易、高频交易等发展，而是要基于区块链和加密资产的高纬度特点，基于链上原生数字资产的开放金融，展开数字资产交易的创新模式，比如 On – Chain 的 SPV 托管模式、链上的场外衍生品智能合约、加密智能钱包等，也包括传统模式里完全没有的超额抵押、闪电贷、AMM 流动性等。

十、金融

数字金融是数字资产流动性的体现，而数字资产是数字金融的基础，底层资产和标的资产的基础，因此向数字金融衍生的方向也要做好规划和设计。从全球市场统计数据来看，黄金约 7.7 万亿美元，股票市场约 73 万亿美元，不动产约 217 万亿美元，合成资产（衍生品）约 544 万亿美元，因此数字资产的金融衍生品非常关键。

实物支撑的数字资产，适合结构化产品，比如类似资产证券化后的数字资产，分债、收益或权益等不同类型，但一般不建议直接将实物资产的所有权或者物权直接数字化（Token 化）。

实物资产经过资产证券化后转化为纯权益类的数字资产，类似于 REITs 对应持有数字资产的控股公司的股权，这相当于发行了一支合成了基础资产的收益或权益的数字股票；当然，还可能包括链上的原生数字资产，基于数字 IP 或者数字资产的收益，对应发行的数字股票。

与传统金融中的合成资产类似，数字资产的合成资产也是围绕实物资产数字资产化后的收益、权益等衍生品进行组合，或者对实物资产的预期回报互换直接进行合成，最大的区别就是基于实物资产作为基础资产形成支撑。

与实物资产支撑的不同，开放金融则主要是以链上原生数字资产为主，不涉及实物资产的任何交割交付或者所有权，无论是数字货币类的原生资产的金融衍生品，还是无许可的链上金融合约，最终形成的智能合约衍生品市场，还包括独具特色的超额抵押和闪电贷，以及在无许可、分布式的合成稳定币等，都是传统产业资产和金融所不能衍生出来的。

十一、社区

数字资产体系需要有个坚实的社区基础，它是形成共识、进行治理和保持数字资产流动性的关键。共识，不只是针对链上的用户，要进行全面的投资者教育，除了币圈的、链圈的已经是链上居民的用户，还要宣导和教育传统产业的从业者、投资者，传统金融的从业者、投资者，这样才能奠定数字资产发行的社区基础。

对某一种数字资产的共识，类似一个强大的数字 IP 或者链上信仰，它可能会有独特的技术或者资产属性，会让社区值得长期持有，并形成社区的集体信仰，构成一定的专业壁垒。

由于区块链无国界的特点，数字资产社区也要做海内外社区建设，尤其是欧洲、东南亚等对黄金、大宗商品、农产品、贵金属、不动产等类型资产非常感兴趣，从而真正形成数字资产的全球化流动性以及区块链加密技术和相关协议算法的国际化交流实践。

社区的形式会通过社群模式，比如常见的电报群、微信群、reddit、facebook 等社交媒体等，有专业的运营团队进行管理和互动，并组织线上线下的访谈直播互动、链上链下的活动比赛等。

社区治理是社区的核心任务之一，通过社区选民进行投票参与到治理，形成一定的自组织 DAO，激励个人的参与积极性，对数字资产体系的决策或者预算机制、分配机制和激励机制等进行投票治理。

机构参与到社区相当于是参与节点网络，通过节点计划参与到数字资产的共识、场景、验证或者流动性，从而获得节点激励或数字资产的二次分配，也成为共识记账的关键分子。

十二、监管

围绕数字资产体系的合规监管，除了基础标的的数字资产之外，可编程的、自动执行的智能合约承载着各种金融产品的设计和执行，一个或一组智能合约可能就是一类金融业务，因此监管主要分为两部分：数字资产发行的沙盒（Sandbox）和监管、智能合约的审计和监管。

数字资产的监管，目前比较流行的是通过沙盒来进行合规监管。数字资产首先进入沙盒环境，对数字资产进行审计和发行的沙盒测试和监管，对标的资产和结构设计进行评估和评级；同时，数字资产的金融业务和衍生品拓展，按设计在沙盒环境进行试运行，对试运行的过程和结果进行评估和评级。还有一些常规的监管，比如数字资产交易的市场风险监测、交易行为留痕等都需要全面部署。

智能合约的监管，主要是与数字资产相关的智能合约的安全和合规审计。因为智能合约是透明开源、自动执行的代码级合约，因此需要对安全性、身份识别和 KYC 等进行验证，对自动执行的程序是否满足监管要求，对监管的阻断、干预和风控要求的反应等，都需要提前进行审计和沙盒推演。

对已经部署开始运行的智能合约，要进行链上监管。通过智能合约的监管指标进行风控监测，通过智能合约参数来调整或干预智能合约的业务规模和风险。同时，链上监管一般会要求支持监管机构作为链上的监管节点接入，支持监管部门的链上监管活动，并能够访问底层资产数据，实现穿透式监管。

各国监管沙盒机制：

英国监管沙盒的主要运作机制：机构在提交申请并获得有限授权后，可在特定范围内测试金融创新产品或服务，FCA 监控并评估测试过程，以判定创新产品最终是否适合向市场推广。英国监管沙盒设置了监管沙盒的准入范围、鼓励政策、金融消费者保护措施以及监管沙盒实施严格的信息披露。

　　监管沙盒项目为金融科技、新金融等新兴业态提供了"监管实验区"作为"安全区域"，支持初创企业发展。首先，FCA 对拟参与监管沙盒的企业进行筛选，筛选的条件包括企业的规模、产品是否具有创新性、创新的产品或服务能否促进消费者福利的提升等。其次，FCA 根据拟参与企业测试的创新产品和服务选取合适的消费者，并要求拟参与企业设定消费者保护计划，包括适当的赔偿等。最后，在筛选条件合格的前提下，FCA 允许参与实验的企业向客户推出创新产品和服务，测试期一般为 3～6 个月。FCA 将根据测试的结果进行监管政策的制定或完善，在促进 FinTech 等新兴业态发展的同时防范金融风险。

　　新加坡的"监管沙盒"是新加坡金融管理局针对 FinTech 企业推出的沙盒机制，即只要任何在沙盒中注册的 FinTech 公司，允许在事先报备的情况下，从事和目前法律法规有所冲突的业务。并且即使以后被官方终止相关业务，也不会追究相关法律责任。

　　新加坡对于区块链这些金融创新在监管政策的开放程度上远超亚洲其他国家。金融管理局负责人在介绍新加坡政府对于区块链等 FinTech 金融创新的主要监管态度时，公开表示他们非常欢迎各类金融创新，即使和目前法律法规有所冲突，只要预先备案并且在他们的指导下展开业务即可。通过这种"沙盒"机制，能够让政府在可控范围内进行多种金融创新，并且也能够让创业者放心尝试各种相关的创新业务。

　　中国香港金管局沙盒的运作机制：沙盒主要提供给计划在中国香港推出的金融科技或其他科技项目使用，获许可使用沙盒的金融科技创新项目需要制定好：界限范围、试行期间的保障客户措施、风险管理措施等，并对系统的准备情况及试行的情况密切监察。

　　中国香港金管局并未罗列在沙盒环境中可能会有所放宽的所有监管规定，只是建议有意使用沙盒的金融机构及相关科技公司及早与金管局联络，金管局乐意随时与金融机构及其伙伴科技公司个别讨论有关在沙盒环境中可以在监管方面做出的合适弹性安排。

　　中国金融科技"监管沙盒"启动。在中国人民银行的支持下，北京市在全国率先启动金融科技创新监管试点，探索构建包容审慎的中国版"监管沙盒"，运用信息公开、产品公示、共同监督等柔性管理方式，引导持牌金融机构在依法合规、保护消费者权益的前提下，推动金融科技守正创新，赋能金融服务提质增效，营造安全、普惠、开放的金融科技发展环境。

未来北京重点在两个区域开展监管沙盒探索：一是西城与海淀相邻地区的金融科技与专业服务创新示范区；二是城市副中心。加强金融科技监管的国际合作，规范推进金融科技新技术、新模式先行先试。

监管沙盒重点突出三个方面：一是统一的系统接入，为企业提供一个安全、合规、高效的测试环境；二是主动披露、公众监督等信用约束机制；三是第三方存管、产品登记、信息披露等审慎包容的制度规则。将采用强制和自愿相结合的原则，在充分借鉴国际经验的基础上，探索适应中国特点的沙盒监管模式，为金融服务和产品创新提供土壤，推动金融更好地服务实体经济。

第四节　数字资产化设计

产业区块链的关键环节：数字资产化设计，同前面提到的一样，严格意义上讲应该称之为资产通证化或者数字资产通证化，为了更好地理解区块链战略中的数字资产部分，本书统一称之为数字资产和数字资产化。

数字资产化是将传统产业的实物资产或其他底层资产进行数字化后，汇集成为基础数字资产，再将数字资产按照风险等级进行分级，或者按照数字收益模型进行结构设计，从而为实物资产支撑的数字资产提供可分割性和流动性，变成交易灵活的数字金融产品。在这个过程中，充分利用区块链的技术降低交易摩擦，比如将底层资产或相关贸易等原生信息上链加密存证、通过 Token 标准协议实现数字资产的分级和分割、通过智能合约实现 KYC 等的合规以及资金的自动归集、通过智能合约和数字货币实现实时清分等。

综合下来归纳为一句核心：数字资产化 = 数据 + 算法 + 可信技术。产业数字经济的数字资产化，依托于底层资产的数据，依托于算法实现共识和数字收益模型，依托于区块链的可信技术实现去中心化和不可篡改。

整个体系可以拆分为四层来看：

第一层：链下（Off – Chain），底层资产的原生信息通过物联网（IoT）、智能设备以及无人无接触技术实现自动产生和采集，并通过可信技术和算法实现分布式和加密。

第二层：链上（On – Chain），链下的底层资产原生信息通过加密技术上链，按照标准格式提炼成为数据集存证，实现资产的数字化和确权，通过算法实现不可篡改和穿透、可信。

第三层：代码即法律，将围绕数字资产化的算法和共识通过开源代码实现代码级的信任，包括开源代码的智能合约。

第四层：共识，基于算法、数据和可信的融合，形成数字资产的一致性的价值观。

如果结合传统的资产证券化对比分析，数字资产化是产业区块链与传统金融的交界点，它巧妙地利用了区块链的优势，进一步迭代优化了传统的资产证券化金融产品。在传统的资产证券化，债类型的产品很难转到二级市场，但是通过数字资产化后的 Token 多样化属性（资产＋交易＋货币化），债类的产品可以便捷地到二级市场转化为权益。与传统的资产证券化一样，数字资产化的核心目的就是投融资，通过数字资产吸引投资，通过流动性和投资资金促进收益模型，进一步提高数字资产的迭代周期和资产周转率，从而提高整个数字资产的市值，然后赚更多的钱，最终形成良性闭环。

对应传统金融的资产证券化，数字资产的"资产证券化"（数字资产化）围绕数据和算法的特点和区别，可以分为三个阶段：

（1）加密化阶段：底层资产的数字化和加密化，相当于数字资产化的初级阶段，在这个阶段核心是实现了基础资产信息的真实性、透明性、及时性、流通性，主要展现形式是加密商品、预售券或者数字债、数字股票等。

（2）资产化阶段：对基础数字资产的资产证券化，相当于数字资产化的主要阶段，在这个阶段核心是进行数字资产化的结构设计，包括资产结构、分级分层以及数字资产的可分割性、可流动性，主要展现形式是 STO 等。

（3）智能化阶段：数字资产通过智能合约设计的衍生品资产，相当于数字资产化的迭代阶段，在这个阶段核心是基于代码的数字资产，通过代码的智能合约，隔离出动态的数字收益、数字货币现金流，主要展现形式是指数数字资产、合约数字资产等。

参考：2020 年 3 月美国国会众议员提交的《2020 年加密货币法案》不仅要为美国的加密资产提供明确性，还要使其具有合法性。法案中将数字资产分为三类：加密商品、加密证券和加密货币。"加密商品"指经济商品或服务，"加密证券"代表区块链上的所有债务、股本和衍生性工具，"加密货币"指美国货币或合成衍生物的表示。前两者恰好分别对应上面的加密化数字资产和资产化数字资产。

通过前面的分析，我们基本了解了数字资产化的核心和阶段，接下来我们再分析一下数字资产化的关键要素。

（1）基础资产池。底层资产原生信息加密上链后，数字化形成的基础数字资产池，核心是基础数字资产信息的真实性、透明性、及时性、流通性。资产池相当于一个数字资产组合，它所支撑的未来收益和现金流是数字资产化的核心基础，一个产业的数字资产化首先要分析和构建产业的基础资产池，并分析资产池的特征和进行未来收益和现金流的测试。

（2）交易结构。数字资产交易结构设计会从数字资产的构建、交易流通和支付结算机制开始，SPV 的资产隔离机制，并结合资产化设计中的分层、分级来增信和差异化收益，二级市场的流动性支持，以及智能合约对抵押、承诺或回购的支持，交易结构风险的智能分析预警等。

（3）加密资产托管。对于产业区块链的数字资产化需要独立的第三方加密资产托管服务参与，从监管和信托角度，专业而独立地管理数字资产，更好地实现资产隔离机制，让投资人更放心，并满足数字资产金融产品的监管合规。

（4）产业投行。数字资产化的核心是产业投行，产业区块链需要有产业投行的思维来进行运营操盘，前端孵化优质资产，后端投融资对接投资人，数字资产化后将债转化为权益到机构和二级市场，夯实资产运营，做好市值管理。

综上所述，通过对数字资产化的核心、阶段和关键要素的讨论，我们对产业的数字资产化即数字资产通证化有了初步了解，这部分既涉及产业和金融，又涉及可信技术和区块链，是产业数字经济非常关键的核心交界部分。

一、前提原则

实物资产是传统产业的经济和金融的核心，同样数字资产也是整个产业数字经济的核心。在进行数字资产设计时会有一些需要遵循或者参考的前提原则。

（1）数字资产是资产又不是资产。数字资产（Token）是数字资产（Crypto Assets），但不是简单的数字化资产（Digital Assets），不只是实物资产的映射，还包括完全链上生成并链上处置的原生数字资产。如果只把它看作实物数字资产，数字资产设计的价值空间就会非常小，所以既要把它认作资产，又不能认作单纯的资产，它可以是实物资产（Real Asset）所支撑的一种东西，但两者之间不能直接画等号。

即使作为实物资产支撑的部分，数字资产也不应该只是简单化设计为实物资产的所有权，而应该是收益权、使用权、投票权或者共有产权等。这里有个原则：不要设计成所有权。因为所有权会涉及交割转移，而实物资产的所有权交割转移都是链下和线下的，这是不能完全把控的。如果把实物资产比如某一幅画的所有权设计成数字资产然后份额化，其交付交割非常麻烦，而且所有权的价值空间也非常小。所以要往用益物权的方向思考，即实物资产的使用权、租赁权或者收益权，在一定时间内可以使用它或者享有使用或租赁它带来的收益，而且这些使用、租赁的收益等都封装在链上，这样就不会涉及链下的所有权交割，从而想象空间和设计空间就比所有权大很多。

（2）关注未来的收益和能力。将未来的收益或能力设计成数字资产，而不是把历史或当前的东西做成数字资产，这就意味着数字资产跟合成资产非常接近。这个前提原则的核心是将未来的能力、服务和收益等打包，比如共享产权、使用权、经营权或受益权，这样在一定周期内会有预期的变动和市场的波动，进而产生增量价值。

能够用在未来的能力，比如通用的能力像货币；能够获取未来的收益，比如证券化的像股票。数字资产就是要把实物资产或者链上原生资产在未来的五年、十年或更长远的收益和能力，在货币化和价值化评估之后数字资产化，这才会真正拥有高溢价空间，可以让产业投资者放心地进行投资、交易和持有。

（3）用智能合约来理解和解构产业。如何把智能合约跟交易、产业进行深度融合？合约是区块链结构的基础，交易是产业的核心，而数字资产或数字货币可以有效降低交易成本，可以实现资源的最优配置。用智能合约的结构思维来分析传统产业业务，比如数字资产预售合约和交易合约、数字货币清算合约、指数合约等，甚至投融资也是一种金融合约，通过智能合约和规则来解构传统产业的交易业务，并通过区块链降低交易成本，增加促进流动和周转的激励机制。

（4）用金融产品思维设计类证券的数字资产。数字资产与实物资产进行投射的时候本质上是类证券的数字资产，所以要借鉴传统金融产品设计来对实物资产进行数字资产化的设计，比如结构化、增信、隔离、锁定等。结构化意味着产业数字资产可能不是一个而是多个的数字资产组合，同时收益的差异或分层可以用智能合约来结构化实现；数字资产将能力和收益权打包后，除了总量的限定之外，还要对交易权限和节奏进行锁定，分步骤实现收益，比如按产量达成情况进行解锁；隔离是将数字资产与传统产业业务有效隔离，分段设计，这样有利于产业投资者循环进来。

数字资产要借鉴证券市场的设计，不要太快也不要太慢，既要考虑保护投资者利益，也要考虑投机者的进入时机和节奏的把握，流通要借鉴二级市场的流动性设计。同时，对比 STO 和数字代币，产业区块链一定要接受合规监管，要从资产证券化入手来做数字资产。

（5）关注先发优势和增量价值。数字资产要关注产业先发优势，要关注增量价值。因为数字资产是一个产业的货币化和再分配，所以谁先做谁就有先发优势，资产加密上链并数字资产化，这是产业数字经济的跑马圈地，对后来者会有比较高的门槛，而这种先发优势要能够促进产业形成一个新的组织形式，基于共识形成产业的新型经营体，从而实现更高效的产业资源配置。

同时，数字资产不要去抢传统产业和传统资产的生意，而是要能够产生增量价值或者降低交易成本，必须能够带动实际的增量，产生未来的能力或收益，只有这样才能团结传统势力和既得利益者，促进产业的升级发展。

（6）体现或者解决产业的共识问题。一个产业的痛点和问题，往往来自产业上下游缺乏互信，才产生各种信息不对称或者利益冲突。数字资产的设计要能够着眼于产业内普惠、公平、透明的信任，通过代码实现的共识，来解决产业的核心问题。这是产业的新生产关系，而新的生产关系，必然会触动既得利益者、持有者或保守者的利益，碰到阻力和攻击，甚至触动或者揭开产业的灰色空间。

（7）关注类金融生态体系设计。数字资产设计之初就要考虑数字金融，因为产业数字经济生态与传统金融生态几乎可以直接映射，未来可能会有数字资产的银行、保险、基金、信托、证券、期货等业态或服务。数字资产，如果围绕价格和时间，会有类似期货、期权业务；围绕收益，会有类似证券业务；围绕流动性，会有数字资产的"证券交易所"即数字资产交易所。因为数字资产的普惠、透明和货币化的特点，不再受限于交易成本、服务容量、大小规模等条件，所以会给产业链内长尾的小微企业一个很好的投融资渠道。

（8）关注传统经济模型。数字资产设计要关注传统经济模型，因为它来自实物资产的支撑。比如，数字资产的发行总量如何确定？它实际上和货币发行的费雪经济理论等模型密切相关，要有效地去借鉴传统经济中的博弈经济模型、货币供给模型等，并进一步升级和迭代，而不是把它完全抛弃。产业区块链的数字资产不能像数字代币或平台币那样模仿比特币或以太坊的发行模式和激励机制，而是要借鉴传统经济模型的博弈和货币供给等理论，进行数字资产生态的激励机制设计。

二、数字资产设计

在《Token 经济设计模式》一书中，为了帮助传统企业可以快速、便捷地设计适合自己业务的 Token，我们设计了一个用来对传统企业进行分析、描述、设计 Token 模式的工具——Token 模式画布（Token Model Canvas），在这里围绕产业区块链和数字资产的新战略，进行了迭代升级，作为数字资产设计的辅助工具。

新的画布基于产业区块链的数字资产战略重新解读数字资产模式，基于这套 Token 模式画布，创新数字资产化设计的模板和通用方法，毕竟数字资产设计不是拍脑袋拍出来的，都是需要经过讨论、头脑风暴、专题研讨等创新设计出来的，一开始就要有一定的模式语言，从这个模式语言的定义出发，来讨论和分析传统产业的需求和场景，确保大家是在一个语言体系上讨论相同的事情，这就对设计模式有非常大的挑战：简单、清晰、直观，同时又能够组合展现出传统产业的业务复杂性。

Token 模式设计框架可以作为一种通用语言，它可以让传统企业方便地描述和使用数字资产模式，对照传统业务套用模板，来构建新的数字资产方案。没有一种相对通用的专业语言，传统企业很难系统性地分析和设计数字资产并创新成功。

Token 模式画布通过八个核心模块对 Token 进行了比较简单明了的描述和分析，可以映射出传统产业的业务需求和设计数字资产的逻辑。这八个模块涵盖了 Token 模式设计的主要维度：战略、客户、价值、共识、场景、模型、治理和运营。对于产业区块链而言，Token 模式就像是一个设计蓝图，可以通过数字资产、数字货币和社区、治理来实现，我们把它形象地总结为"八个一"：一句话，一个人，一幅画，一个数，一个共识，一套治理，一个模型，一套运营。

Token 模式画布：

1. 战略定位

用一句话概括出企业的战略定位、品牌定位和品牌口号，简称"一句话"。

　　传统产业非常清楚自己的传统业务的战略定位和重点，但是不一定清晰在区块链上的数字资产要聚焦在哪个战略定位。产业区块链不是简单地将现有的资产进行数字资产化就万事大吉，那数字资产设计如何与传统业务的战略定位进行匹配和协同？

　　产业区块链的数字资产特别强调增量的内生价值，所以 Token 不仅只是传统产业资产支撑的资产化，还要实现数字经济的业务创新，要打造好数字 IP，尤其是 Token 的品牌故事和 Token 文化，让既是用户又是投资人的消费者一目了然并为之心动。要设计一个好的 Token，就要通过数字经济市场分析和业务模式重新定义，将品牌定位和业务模式浓缩成一句话，比如主打健康的"健康即财富"，主打积分的"消费即投资"等。

　　一个好的"一句话"，可以简洁明了地体现出 Token 背后的品牌故事，吸引用户和粉丝进行关注，Token 的品牌故事中包装内容、情怀和创新，又可以浓缩为一个短视频故事可以引爆，适合 Token 的推广和传播，形成品牌生态。

　　这一句话也是产业区块链链上的核心原生数字资产，体现一种独特能量的数字 IP，围绕这个一句话，不只是品牌故事，还体现了一种品牌生态的生活方式，也可以转化为企业的口号/广告语，并成为玩偶形象、动漫、IP 等品牌衍生品的基础，从而凝聚成链上的能量场。

2. 客户细分

　　定位的目标受众和细分客户群体，简称"一个人"。

　　商业的核心是客户和创新，"一个人"就是要明确客户定位，研究客户的需求、画像和体验路径图，洞察这个"人"的全部，数字经济也是同样。

　　企业所定位的客户到底是哪一类客户？它是什么样的细分群体？是如何分级分类的？有哪些差异化？这些非常关键。因为要基于定位的客户细分群体，来进一步分析细分客户群体的深刻需求和画像，确定细分客户的真正痛点，从而详细设计相对应的数字资产模式。

　　不同的企业对客户定位的策略有所不同，目标细分群体也有不一样的策略。有的企业可能就紧抓一个细分群体小众市场做下去，有的企业可能是多个细分群体，也有的企业比较复杂，因此要组合设计数字资产池。我们整理了以下集中情况：

　　（1）高端，定位清晰，只做高端客户，奢饰和尊贵、VIP 服务或者专业投资，适合服务或权益资产化的数字资产。

　　（2）大众，普惠模式，面向大众市场，定位的客户群体范围比较宽泛，没有太大区别，大众消费者的需求相对比较一致，比如快消品市场或者消费类商品，适合加密商品类的数字资产。

（3）细分区隔，针对定位的客户细分群体有差异化的策略和产品服务，企业用不同维度（比如价值贡献、区域、行为属性等）来进行客户群体的区隔，在 A 区隔里面的策略和 B 区隔里面的策略是有差异的，这时候可能是同一类数字资产但是通过智能合约进行差异化。

（4）多元化，客户定位包括多个迥然不同的客户细分群体，这些细分群体有不同的需求和痛点，对应着企业的多元化业务。

（5）多边化，定位的是大的场景，比如一个产业链，在这个链条里面，既有定位在 2C 的消费者细分群体，又有定位在 2B 的商家细分群体，二者又在一个产业链的大场景里面相互融合和依存，这需要设计不同的数字资产来交叉满足。

从另外一个角度，数字资产会与实物资产进行投射，同样这些细分群体的"人"也会在链上形成数字化 IP，比如基于 NFT 的形象、动漫人物或者玩偶，并通过典型的要素特征，投射到链下的衍生品以及应用场景。

3. 入口场景

核心需求驱动的应用场景与入口，简称"一幅画"。

Token 模式的设计是在清晰的数字战略定位下，针对具体的目标受众和细分客户群体，通过一个核心的场景来体现和解决他们的核心需求和诉求。因此，数字资产的入口场景就非常关键，它既承载着数字资产对应的应用场景，也是吸引流量的入口，设计好入口场景才能为数字资产吸引足够的用户和关注者。

传统产业都会有自己的企业或当前产业的核心需求和诉求，尤其是围绕特定的目标受众和细分客户时，比如航运产业对集装箱运力过剩的核心需求，比如护理服务产业智能撮合护理服务并有效进行评价闭环的核心需求，比如二手车行业对车辆的完整生命周期和保真信息的核心需求，比如艺术品产业对艺术品的价值生态体系的核心需求，这些核心需求和诉求需要设计一个场景来作为核心数字资产的入口和解决问题的场地。

入口场景是抓住核心问题展开设计的，比如针对航运产业对集装箱运力过剩的核心需求，数字资产模式可能是将集装箱运力数字化和资产化，而数字资产模式的入口场景可以是全球集装箱共享区块链，通过对集装箱的注册和状态同步实现一个集装箱运力共享和智能撮合的场景，从而解决运力过剩和节约成本。

入口场景作为数字资产主要应用场景，它在解决核心需求问题的同时，还会使用和消耗数字货币，包括功能访问或者服务费用。如果需要设计应用场景的 DApp，这个入口场景将会成为 DApp 的主要功能；如果需要设计矿机，矿机的挖矿和算力也会与这个入口场景紧密结合。这个场景也可以是数字资产对应的一种生活方式。

为了清晰地理解和展现这种生活方式，需要用可视化的方法来将这个入口场景画出来，能够模拟出这个场景，包括入口、要素、路径、流程和数字资产等，通过"一幅画"将模式、用户需求、应用场景、价值链平台等瞬间展现出来。这幅画也会是数字经济里业务模式的展现内容，帮助用户和消费者快速了解应用场景。

在加密世界里，入口场景可以与 NFT 原生资产和养成游戏相结合，NFT 可以在设计的相关产业元素下成长、繁殖和裂变，裂变的衍生品与产业的数字资产相关联，同时完成从链上原生数字资产到链下衍生品的降维投射，实现链下的场景。

4. 资产价值

数字资产的类型和内生价值可视化指数，简称"一个数"。

资产价值是数字资产的核心，它是在数字经济中创造或生产出来的价值单位，用户主动拥有它并分配、分享持有者利益。价值创造的核心是用户预期所持有的 Token 未来可以做什么/获得什么的价值，而且这个 Token 比别人更有可能性或者更高的价值。这就需要 Token 与用户或持有者之间能够建立持续互动、不断影响的价值联系。

数字资产的资产价值不同于传统产业的价差模式，它与产品的成本无关，而是一种基于品牌生态和 IP 预期的内生价值，由于供应和预期不同，其资产价值可能不断增长。不同资产类型的数字资产，其内生价值也不同，比如资源类资产来自收益预期，消费类资产来自销售预期，支付类资产来自周转预期。

为了更好地理解和计算资产的内生价值，需要将资产价值提炼和量化为一个指数，尤其是与战略定位、细分客户群和需求场景相关的一个价值指数。这个价值指数，可视化地展现出 Token 的资产价值，让用户可以一目了然地了解 Token 预期提供的价值是什么？从另外一个角度，价值指数也是一种分布式的价值协议。

价值指数也是对数字资产和用户行为进行货币化的一个参考，本质上二者是相关的。同时，挖矿场景设计中的算力也与价值指数密切相关，算力是计算出价值指数的基础要素，算力的任务条件也会与资产价值的用户行为、价值联系相关联。

如果把 Token 看成一种特定定位、特定人群的生活方式场景的链上载体，那么通过运营、系统和数据可以将生活方式和资产数据量化为一个好玩的显性指数，让用户持续参与和互动，并通过这个价值指数分配和分享其预期收益，形成一个价值生态体系。

5. 共识算法

陌生人或产业联盟达成的共识和实现算法，简称"一个共识"。

区块链的核心是"共识 + Token"，数字经济的核心之一是共识，比特币是对陌生人之间建立的共识，而传统产业需要建立的共识是产业的共识，除了产业数字资产的共识，还有产业节点企业之间的共识、产业与消费者/用户之间的共识，前者是产业链，可以解决价格发现、成本、效率、资金结算等传统产业问题；后者是消费者公链，可以解决消费者信任、主动参与、消费投资、共享收益等新的模式。

共识一般是围绕数字资产价值的一个证明，比如使用的工作量证明、数据价值证明、健康证明、农产品可信证明等，也可以是大家共同认可的对数字资产价值指数的一个证明算法（PoX 共识）。

产业共识首先是一个商业问题，产业节点或者消费者认可并形成共识，在商业上相当于一个产业的共识协议；其次是一个技术问题，该共识通过一个算法来实现和固化，并用开源的代码来进行公示；共识的呈现结果是一个分布式账本和开源的算法代码，这个分布式账本和开源算法代码，是解决陌生的或不是很熟悉的产业节点和消费者之间的信任问题的基础。"你可以不相信我，但你可以相信代码。"

共识的另一个基础是社区。社区不只是类似微信、电报、Twitter 等社交媒体上的社群，而是围绕这个产业进行讨论、协商、参与、投票和分享的可能有线上也可能有线下的社群（一群人）。

在这个社区里面，有核心开发团队根据产业需求初始达成的共识，有产业节点讨论碰撞形成的共识，也有后来加入节点或者 Token 持有者参与投票的共识，还有面向消费者或用户参与投票的共识，这些不同的角度产生或者讨论的共识将在一个社区自治的治理结构中形成一种均衡。

共识和算法实际上是在用代码编程世界和编程社区的不同人群，最终形成一个共识：代码即法律。算法代码将资产数据、用户行为或者价值指数的算力等进行计算并形成可信证明的共识，作为分布式账本和货币化的基础。它代表着围绕链上核心 IP 能量场的共振，从而达成无许可、无准入、去中心化的一致性。

6. 结构治理

Token 的创始结构、交易结构、成本结构、流通结构等治理，简称"一套治理"。

数字资产需要有一个严谨的治理结构，从一开始的资产结构构建初始的资产池，底层资产和数字资产化；再到交易结构，根据交易模式、类型和组合来实现不同的资产类 + 支付类的资产组合；然后通过收益模型的成本结构，建立资产化的隔离机制，实现收益的结构化；同时通过多样化流通结构，建立数字资产的流动池，增加流动性。

数字资产的创始结构，流动型 Token 要设计好价值总量、分配比例和发行节奏，以及多重签名的地址或者智能合约的隔离和锁定；而资产型 Token 要设计好数字资产化的结构、质押或收益模型，以及资产流动池、多样化交易市场的流动性设计等。

结构治理意味着要制定规范，数字资产需要有一些既定规范，比如参照比特币的 2100 万数量限制、二级市场的交易限制、创始人与核心团队的锁定限制等。由于数字资产货币化后可以通过二级市场或交易市场快速变现，项目团队或数字资产发行人的激励机制可能会扭曲到短期利益变现，因此要设计合理的隔离和限制规范，让数字资产发行人、项目团队与数字资产持有者能够保持相对长期的一致性。

治理结构中涉及一个共识升级或者智能合约修改的治理问题，是不是开放到社区治理，采取什么样的投票机制很关键。协调机制也很关键，而初始核心团队的主观能动性如何得到确保或者限制？这也是数字资产设计时需要提前规划好并通过规范、智能合约或者共识宪法进行约定的。在产业区块链的治理上，未来 DAO 是一个大趋势。

7. 经济模型

数字资产发行和激励机制的经济生态体系，简称"一个模型"。

数字资产的成功与否，最关键的是共识；而数字经济的成功与否，最关键的在于经济模型的设计。数字经济既有别于传统产业经济，同时又与传统经济的核心理论比如博弈经济理论、货币供给理论相关联，设计数字资产的经济模型要新旧兼顾。

经济模型最关键的是数字资产价值总量，传统产业的数字资产发行总量是结合传统产业的经济价值还是基于类似超额质押算法？

从货币供给的 M0/M1/M2 的体系，传统产业的数字资产价值总量可以借鉴当前产业的预期收益总量，类似于"GDP（预期产生价值总量）＋CPI（消费投资价格指数）＋流动性"，可以参考以下公式：M = X（Token）价值总量 = X（用户规模×平均持有资产价值×周转率）。

从费雪公式 MV = PT 的供给理论，传统产业的数字资产价值总量要借鉴当前产业的以数字资产定价或者货币化的产品或服务的交易价格和交易总量，并结合数字资产的周转率。其中：M 为 Token 数量，V 为 Token 周转率，P 为 Token 货币化的资产（产品或服务）价格，T 为资产交易总量。

如果从类证券角度来对数字资产进行估值，又可以结合资产证券化，通过现金流贴现模式或者 PE 估值模式来进行价值总量的估值，但这种类证券的估值模式只适用于证券类数字资产，不适合那些功能类或者支付类的数字资产。

如果从开放金融的模式来进行设计，可以基于超额抵押的算法和收益曲线的模型，或者组合不同的数字资产合成新的乐高数字资产，再结合治理 Token 通过 DAO 社区治理来进行决策，最终通过去中心化的交易市场和流动性市场来进行数字资产的发行。

经济模型的激励机制是数字资产经济生态的关键。激励机制，从早鸟红利（早期参与的折扣）、推荐人激励（推荐朋友注册加入的奖励）、赏金计划（完成推广、社交、互动、投票等用户行为的赏金）等以及成为 Token 代言人的激励；也包括部分对违反共识、违反规则、违反治理限制的惩罚机制。

经济模型的流动性是为了开拓流量、稳定数字资产价值、促进数字资产流动的措施，比如空投（Air Drop）糖果到社区或者潜在用户社群，吸引注册白名单，持有一定量（最低贡献）的糖果可以认购；定期利用收益分享池的数字资产进行回购和销毁，控制数字资产供给量促使数字资产价值稳中有升；对创始人和核心团队或预留的 Token 进行锁定或周期限制，确保不会有大量 Token 变现流出从而影响流动性和价格；创新基于区块链技术的去中心化交易市场、开放金融市场、数字钱包的场外 OTC 交易等，增加数字资产的流动性和可得性。

经济模型还会约定阶段、周期、金额等通过多重签名的地址或者用智能合约对数字资产进行锁仓、隔离，约定回购销毁的定价政策和回购智能合约、增发限制承诺等，设计好使用或者消耗 Token 或支付类用币场景，设计好拉升减持的市场操纵行为的限制政策。

此外，可以通过一个可视化的经济模型图，将整个数字资产经济的创造与产生、发行与治理、使用与流通等场景与流程系统性地展现出来，让用户和投资者可以清晰地了解到数字资产价值。

对于传统产业而言，数字资产代表着有真实需求的交易行为或者有真实资产的投资行为，这些交易或资产原先受制于传统产业的交易成本、支付或融资等方面的约束而难以有效开展；通过引入数字资产经济，传统产业不仅可以解决自身融资问题，还可以通过激励机制激活产业经济生态。

8. 模式运营

数字资产模式的团队、社区的运营和实现路径蓝图等，简称"一套运营"。

数字资产模式的运营核心是团队，从创始人到核心人员是数字资产成功的关键。核心团队的背景、资历、经验和能力，都会影响到数字资产价值；而围绕数字资产经济的技术研发、市场营销、商务销售、社区运营等人员配备和能力经验，是运营成功的基础，也是投资人关心的关键。

数字资产是基于传统产业的实体资产的支撑，因此底层资产的运营成为关键，尤其是底层资产的不断增值或者优质资产的重组、不良资产的盘活等；同时数字资产可能会有产业链内不同公司参与运营，或者新成立的公司运营，但关联的产业公司业务相交叉，这就需要清晰列出运营公司、关联合作伙伴、战略合作伙伴等的详细信息和经营地点以及公司资质或信用，这样可以更好地增加运营能力的背书。

数字资产在发行后不仅需要底层资产的运营，还需要新的数字资产的运营，围绕数字资产的市值管理，运营操盘手将充分利用底层资产或背书企业的利好来进行市值管理和二级市场运营以及新的开放金融产品设计等。

数字资产运营的一个关键是制定详尽可行的落地实现的路线图，发布项目发展方向的早期蓝图，设计整体的实现路径计划，确定关键技术和阶段里程碑，分阶段实施的路线图和项目进度的同步公示，并进行竞争对手的比较。

数字经济和共识离不开社区，无论是节点企业的社区还是消费者用户以及投资人的社区，需要进行持续的社区运营比如用户互动、价值联系、应用讨论、推荐激励、糖果空投等，加强社交媒体宣传和 PR 宣传，并通过社区的激励机制和社区集体行为来带动用户提高交易市场流动性。

更进一步的运营是开放给社区治理，数字资产的治理权力让渡到社区成员 DAO，通过治理 Token 实现投票决策，对运营、产品和预算进行社区治理，形成一个开放的、去中心化的生态系统。

三、资产证券化（ABS）

实物底层资产支持的数字资产的设计，最传统的方法是借鉴资产证券化（ABS）的设计，从资产结构和交易结构上更加类似于传统金融里的证券化产品，这与原生数字资产是迥然不同的。

参考资产证券化的设计，实物底层资产支持的数字资产，需要有核心发行的参与主体，确认发行类型比如债类、权益类等，设立 SPV（特殊目的公司）进行隔离，确定作为标的资产的基础资产，设计资产化的交易结构和 SPV 结构，并增加评级审计等增信手段，结合标的资产的收益率考虑是否分层分级，在此业务设计的基础上，再对底层数据上链、资产化的链上发行和分隔、加密资产的托管等进行链上设计。

在国内暂时未开放证券类 Token（STO）融资的监管背景下，产业数字资产融资也可以通过 ABS 资产支持专项计划产品进行挂牌转让等合规模式。

基于 ABS 方法的数字资产化，就是基于链上的无许可优势，搭架子、装资产、加密化、流动性。区块链有很好的基础来完成这个目标，尤其是不需要中心化的信任，基于代码和算法形成分布式的金融共识。上链的第一步是数字化，实物资产或者其支撑的权益等上链成为链上的基础资产；第二步是装资产，用 ABS 方法设计资产结构和交易结构，通过 SPV 装入基础资产的资产支持计划；第三步是加密化，把基础资产通证化和份额化；第四步是交易，通过智能合约、交易市场、场外 OTC 和 AMM 等实现和增加流动性。

对应标的资产的不同，如果是企业类的，一般用股权投资基金、固收类投资基金等方式，如果是资产类的，一般用信托投资基金、资管计划、专项计划等方式。其中，装入资产的 SPV 设计很关键，它要对应底层资产的投资生命周期，需要在结构中确定资产总量、期限和风险，需要通过增信和分层等分配信用风险、期限风险和流动性风险。目前比较多的 ABS 资产支持计划大多是基于不动产、应收账款和金融贷款应收账款等资产，可以降低资金成本，增强资金的稳定性，提供低成本、长周期的融资。

传统 ABS 是将一个大的资产份额化卖给分散的个体投资人，这个时候负债端分散，资产端集中，导致投资成本高、风险承受能力低、容易出问题；如果数字资产化，可以做一些创新突破，将分散的资产端按标准协议合并，把分散的个体的资产证券化，卖给机构投资人，这样资产端分散、负债端集中，从而负债成本低，风险承受能力高，不容易出问题。

这里简单介绍一下 ABS 资产证券化的步骤，作为数字资产化的参考。

1. 底层资产登记

ABS 特别看重底层资产的现金流，所以除了底层资产的原生信息上链之外，最关键的是放款、还款的现金流数据实时加密上链，以及审计评估的资产量化评分实时上链，同时基于加密上链后的不可篡改实现底层资产的无法篡改，并可以通过物联网等技术和资产结构设计将部分动产转化为不动产及数字化。

底层资产包括资产方、资金方、信托等不同参与方，不同的业务系统、不同的信息传输以及不同的交易规模和频次，都涉及资产数据的准确性问题、对账清算问题，而且底层资产质量真实性的信任问题一直是 ABS 的关键。

2. 结构化产品设计

在基础资产上链后，ABS 的产品结构可以通过智能合约实现，比如内在资产结构的合并组合、分层分级的设计、优先和劣后的定价等；并基于区块链的安全模块，实现投资人的 KYC 以及认购人公钥和认购份额的实现；资产隔离通过特殊目的的公司 SPV 实现专项资产托管和收益、权益的隔离委托。

结构中的原始权益人、资产方、投资人、资产运营机构、管理人以及评级机构、审计、保险、交易所等，都可以在链上通过智能合约进行映射和赋权。

3. 存续期管理

在资产化产品的存续期内，要管理产品结构，执行智能合约以及约定的清分合约；要给有权限的投资人开设名单管理，可以随时穿透底层资产；同时，要管理和执行产品设计中的回购、违约警告、清偿条款执行等。

4. 二级市场管理

除了在合规的 STO 或数字资产交易所进行公开交易外，还可以对 ABS 的数字资产估算市价后进行场外 OTC 交易，或者基于智能合约进行衍生品市场、AMM 自动做市等，并通过数字钱包实现点对点的交易或变更与转移。

5. 分布式账本

在整个 ABS 的数字资产业务中，基于区块链的分布式账本和不可篡改的加密技术，会同 ABS 交易过程中所有的市场参与者共同维护一套数字资产交易账本数据，实时掌握并验证账本内容，维护账本的真实性和完整性，从而总体提高了 ABS 数字资产化的透明度和可追责性。

四、智能合约与金融衍生品

在数字资产分类提到了智能合约资产和合成资产，这两类资产是由链上的智能合约或合约组合来设计实现的。

1. 智能合约资产设计

基于智能合约进行数字资产设计，首先要基础资产已经是链上的数字资产，这样才能通过智能合约进行结构化的数字资产设计，通过代码来实现金融合约的设计和执行。如果只是实物资产的数据上链，但不能进行资产的发行、处置和执行，就不能实现真正的链上合约资产设计，实现代码级的投资、投机、交易和结算。

2. 合成资产与金融衍生品

合成资产比较特殊，可能是一个或多个基于底层资产价值的衍生品智能合约组合而成，相当于模拟标的数字资产的风险敞口或者回报掉期等的金融工具。合成资产的设计与智能合约资产略有不同的是，它不会直接对底层资产上链后的数字资产进行处置和执行，而是对该数字资产的风险敞口或回报收益等进行模拟发起交易对和执行，也就是说不用拥有或执行标的数字资产，就可以通过合成资产合约进行模拟金融衍生品场景。

3. 协议和市场

由于实物资产的标准化上链进行数字资产化，以及不直接拥有标的数字资产就进行模拟金融衍生品，都需要一个特定的协议和非传统的交易市场。

UMA 金融合约协议通过一个去中心化协议，可以为任何非标实物资产支撑的基础资产创建、维护和结算金融合约，构建一个场外衍生品市场。它将基础资产的金融风险（即不确定性），通过交易对手的金融合约进行了数字资产化。

Uniswap 自动流动性协议，相当于一个基于固定乘积自动提供流动性的去中心化交易所，通过以太坊的链上智能合约，为这些链上的智能合约资产或合成资产实现了 CLOB 所不能实现的开放金融功能。

第五节　数字资产化实操

一、核心要点

数字资产化的核心目的是融资和获得流动性，因此对于产业实体经济而言，数字资产化的实操有三个核心要点：资产、结构和流动性，简单说就是选好资产、进行结构化设计、增加流动性。

数字资产化的基础是要确定产业数字资产的战略方向和 IP，然后选择标的资产，最好是有金融属性的资产，这就要根据产业自身的资产结构和交易结构进行详细的选择和设计，最终确定进行数字资产化的标的资产，同时设计好这些资产的底层原生信息数字化和链上数据存证的基础工作。比如同样是住宅地产或者商业地产的不动产，资产化是将它的物业资产作为标的资产，还是将它的物业租赁作为标的资产，这就要根据当地的地产交易市场和租赁市场的交易结构和流动性进行对比，最终进行最适合的选择。

数字资产化的结构分三个层面：一个是总体的数字资产化实现的框架结构，一个是数字资产化实现的组织结构，一个是数字资产化设计上的结构。

数字资产化的总体框架结构会是：链上原生数字资产 + 数字资产协议 + 资产化组织 + ST + 流动性市场。原生数字资产是链上共识所承载的原生 Token，是资产化的核心 IP；而数字资产协议是生发此次资产化的数字资产的标准协议基础，也就是规则；资产化组织是资产化过程中所需要的行为主体，是直接资产本身还是将资产收益权益等封装到特定组织中，需要设计好骨架；ST 是资产化的收益权益的分享分配机制，映射到链下法定实体；流动性市场是各种资产化后的交易市场、交换市场和流动性工具。

数字资产化实现过程中的组织结构，不一定非要有 SPV（特殊目的公司），SPV 其实是一个夹层，资产化需要就设置，不需要就不用设置。有的资产化可以直接以资产本体来进行资产化，有的资产化需要通过 SPV 夹层来封装隔离特定的权益，还有的资产化需要搭建 BVI 和 VIE 红筹结构等。

数字资产化的行为主体也是法律主体，数字资产除了有发行方之外，会有链上的资管方、托管方，也会有数字资产的代理人（Transferagent），更可能会有去中心化治理的开放社区（DAO）。

数字资产化最关键的结构是在资产化设计上的实操结构。实操的时候会分四个角度进行结构化设计：资产、形式、产品和流动性市场。

1. 资产

结构设计上以标的资产的所有权、物权。所有权就是产权，产权的结构可能需要有一个 SPV 持有，也可以从物理上分隔分别持有；物权是区别于产权的使用权、收益权等，如共享使用、租赁收益等。这是结构化设计的第一部分。

2. 形式

形式是指直接以标的资产本身发起，通过控股公司（LLC/LLP）或者投资基金、债券等形式，这是结构化设计的第二部分。

3. 产品

结构设计上要考虑以什么样的产品呈现给投资者，比如以共享产权或者分时共享使用、租赁权益 REITs 产品、固定收益类债产品、兜底和回购的投资理财类产品等，这是结构化设计的第三部分。

4. 流动性市场

结构设计上要提前考虑，结合标的资产的资产化设计，确定好主动的流动性市场和被动的流动性市场，主动的是各类交易所、OTC 等，被动性的是 DAO 治理需求、开放金融的质押和 staking 等。

最后的流动性市场，是数字资产化获得融资和增加流动性的直接环节。这个并非数字资产化后直接上数字资产交易所就可以，而是要设计好主动性、被动性策略，要进行分级分层的策略制定。有的资产，交易结构清晰，直接上交易所最直接；有的资产，适合质押，可以通过质押进入流动性市场；有的资产，适合限售和做市，需要通过 AMM 自动做市商市场进行价值发现；有的资产，适合交易所打新、AMM 价格发现以及现货 redeem 等期现通相互配合。

好的资产化设计，设计好后不是求着去上流动性市场，而是流动性市场追着要强上来增加流动性，即"被动流动性"。

数字资产化涉及两个方向：一个是传统资产证券化产品的通证化（Token-ized securities），一个是数字资产的通证化（Security Tokens）。前者是证券通证化，用 Token 来数字化传统证券产品，还是继承自中心化的金融模式；后者是数字资产的证券化，这是继承去中心化区块链上的数字资产的通证化，更加开放金融；二者区别巨大，创新意义不同。本书大部分的数字资产化主要是指后者。

二、商品的数字资产化

产业实体经济中最核心的流动性资产是商品，虽然商品是销售交易的主要产品，而不是融资和二级市场的主要资产，但商品也可以进行数字资产化设计，并为产业带来特殊的流动性和增量资金。

商品的数字资产化，本质是在链上建立商品的数字资产协议（Protocol），作为映射商品的数字资产券。因为商品本身是相对固定的零售价格进行销售流动，因此它的数字资产化，要结合链上的 IP，打造产业品牌生态，塑造围绕商品品牌相关的品牌故事、品质信仰、粉丝社区等，为商品的资产化打好基础。

在链上 IP 品牌和商品数字资产协议的基础上，商品的数字资产券不是以商品为主体，而是以商品的预售权、提货权和销售返佣权等为标的资产进行资产化设计。在有一定的品牌和粉丝基础后，围绕商品的提前预售、限量稀缺款、联名 IP 款等，将围绕商品之上的各种稀缺性权益进行资产化，从而获得溢价甚至二级市场的倍增等流动性效应。

就如同耐克的 AJ 联名款潮牌鞋，首先是签名版，限量发售，提前中签预售资格，抢购成功后二手市场买卖达到几倍原发售价，最后粉丝收藏而不是穿用，这个实际上相当于一个潮牌鞋数字股票，是典型的商品数字资产化。

商品数字资产化的整个设计过程分为以下步骤：

（1）NFT – IP：链上原生数字资产，NFT 格式，体现为商品背后的品牌 IP、故事与具象化的玩偶形象，作为 IP 和故事的承载，也是链上加密社区和加密粉丝的标的资产，同时授权或关联生成后续的商品数字资产。

（2）Protocol：围绕商品的预售权、提货权和销售返佣权等设计特定的数字资产协议，与 ERC – 20 有区别的特定 Token，转化为封装了特定权益的数字资产券（预售券/提货券/CPS 券），并与特定的智能合约绑定使用，比如预售时间、阶梯价格变动、品类返佣比例、清算规则等，实现随券即时自动执行合约。

（3）资产化：部分商品可能是高单价、大额或者奢侈品等，基于资产通证化并利用 Token 的可分隔性，通过特定或虚拟的 Fund 或 SPV 进行份额化，并通过类似 STO 或 ERC – 2222 等协议进行份额化的收益分红。

（4）投资质押：参与者可以通过 PST（Profit – Sharing Token）或智能合约对商品数字资产进行份额化的投资投注（Inject）、策展质押（staking），PST 支持按比例（按份额）进行分红分息。

（5）流动性市场：商品的数字资产券可以通过加密商城进行链上数字资产的销售、份额化和二手买卖、投资收藏等，也可以通过去中心化的数字资产券交易市场（DEX）进行交易，还可以通过特定（产业定制版）AMM 市场进行点对点的 swap 交换和做市价格发现等。

（6）NFT – 实物：链上的数字资产券或分隔后的 SPV 映射到链下的实物商品资产，基于唯一性的 NFT 来进行绑定，并通过该实物商品的 NFTToken 来实现数字资产券的 redeem（赎回或兑付实物）的需求。

整个商品的数字资产化，核心是基于商品背后的链上 IP、品牌和加密生态，将商品的某种特定权益进行资产化，相当于发行了一支数字商品股票。

三、资产通证化

1. 流动性驱动

与商品截然不同的是，不动产有着明显的特征：可抵押的金融资产属性、大额大规模、流动性稳定而缓慢等，因为经常被类比资产证券化，所以不动产的数字资产化一般用"资产通证化"（ABT，Asset – backed Tokenizatized）来表示。

不动产通证化的核心在于不动产的标的资产有其独特的特点和诉求，如果能够对不动产所有权进行拆分并通证化，或者将不动产投资基金、投资信托基金或者不动产企业债进行份额化并通证化，将有效地活跃二级市场并带来特殊的流动性。拆分、份额化后的不动产通证化资产，颗粒度类似快消品商品，就可以低单价、快速得进行交易，甚至像阿里、京东或者美团那样轻松地进行不动产共享产权或者收益权的电商买卖。

不动产通证化数字资产的流动性，也需要智能合约配合实现，分隔和份额化的权益映射和清分，或者是动态的智能合约组合成的数字资产，并结合特定的交易市场或应用场景，从而可能实现不动产资产的标准化和快消化，完成向快消零售或连锁酒店零售的模式升级转型。

不动产投资基金或者房托基金已经是资产组合后的份额，在此基础上的通证化是颗粒度分隔更加合理、交易交换更加便捷，还可以穿透到通证背后的链上底层资产，尤其是对非公开上市的投资基金或房托基金更是有吸引力。

最关键的是，不动产的资产通证化，没有依赖于不动产的所有权/产权，而是从用益物权尤其是收益权等角度进行资产化和分隔、份额化，并通过智能合约实现共享产权、分时物权、租赁权益等，更加灵活，更加普惠。不仅是投资机构、合格投资人，甚至是个人，都可以毫无门槛地投资他最喜欢的酒店、咖啡店的其中一小部分，或者投资全球一线城市的酒店公寓的一个投资组合。

2. 资产通证化的优势

对于不动产的企业债或投资基金、REITs，最关键的是底层资产。不动产目前存在着严重的不动产信息不对称、数据不透明，交易和结算流程缓慢，大量中间中介渠道（代理、中介、银行、保险等），如果再延伸到租赁等产业链环节，如出租承租、维护保险、租金等，又是复杂、不透明的。所以传统金融会建议个人投资者不要直接投资不动产，而是通过金融工具比如 REITs或者投资基金来投资，但这样也抬高了合格投资人的门槛。

利用资产通证化，用链上的数字资产和智能合约来解决不动产投资的信息和结构设计，是一个非常好的替代方法。不动产的资产或权益通过 SPV 锚定到数字资产或者"数字资产 + 智能合约"，SPV 由数字资产发行人托管持有，加密化数字资产替代之前的金融产品或股份出售给投资者或合格投资人。

通过链上的结构设计和 SPV 的隔离，发行人可以透明掌握不动产数字资产（Token），不动产的数据、交易、动作等都在链上公开透明给所有通证化资产持有者，投资者只需要购买对应特定不动产的通证化数字资产就可以实现透明、多样化的不动产投资。

不动产在资产通证化的过程中，发行人可以针对房地产投资的不同资产创建不同的通证化数字资产或者智能合约，比如不动产共有产权、使用权、用益物权、租赁收益、增值收益等。发行人还可以基于智能合约，为通证化数字资产创建不同的类别，比如不动产投资基金份额中的通证化数字资产，通过夹层设计可以有 TokenA、TokenB、TokenC 的不同类型，对应不同优先劣后和收益率；不动产 REITs 份额的通证化数字资产，有固定租赁收益的 Token1 和商业租赁浮动收益的 Token2；这些都通过代码级写入智能合约并开源，让通证化数字资产的创建、合规、收益、交易等都完全透明开放。

加密化还有一个优势是份额化，传统的 REITs 有一个合格投资人的门槛，一般是 50 万起，如果通过通证化数字资产升级后，是可以根据资产属性或业务场景，比如可以根据不动产的业务属性按平方米切片，每个 Token 对应平方米的收益，这样既可以链上透明开放的一一对应，又可以让更多的普通投资人（经过 KYC 和 AML）可以投资不动产，这也是一种普惠金融。

不动产资产通证化之后，会有一个跟 REITs 或投资基金不一样的交易市场和机制，REITs 必须在证券登记公司登记并在证券交易所交易，而通证化数字资产则可以在合规的数字资产交易所或数字货币交易所进行交易，STO 则在有 ATS 牌照的数字货币交易所进行交易；在私募阶段，还可以通过场外交易、OTC 市场进行点对点的交易；在数字钱包里面，还可以通过点对点或者数字兑换商城、二手商城进行交换和兑换，从而大大增加了流动性和可得性。

这种流动性有几个特点：全球化，没有传统金融产品的区域限制；7×24 小时，没有开盘闭市时间；没有投资门槛，不需要银行账户，一手交易可以按 Token 起，绝对的普惠金融；资产是数字化资产，通过区块链和 VI 可以实现不动产 Token 的可视化资产。

同时，资产通证化带给企业债或者投资基金的不仅是流动性，更关键的是将负债转化为权益在二级市场消化，从而真正解决不动产资产负债。大部分房地产公司的海外债，都是借新债还旧债；而真正纾困的方法，是将滞动的不动产资产的经营权或收益权，引入流量，引入 IP，打包成为权益，包括收入、收益、赞助、IP 授权、赛事活动及其他权益，隔离到 SPV，然后将权益证券化，通过资产通证化实现 STO，在数字二级市场进行市值运作，消化掉负债。这是一个很好并可行的方向，它不是针对不动产的产权所有权，而是不动产的用益物权、经营权或收益权，甚至可以突破不动产资产出境的限制，通过 VIE 等红筹结构让海外投资者投资拥有收益权份额。

数字产业投行的模式则更进一步，在权益证券化通证实现投资之外，结合产业链的上下游和产业场景，除了投资、融资之外，还有流量平台的生态共建、IP 的联合货币化、产业链内的数字货币支付清算。同时，因为投资普惠化，个人投资者可以很方便地进入，从而不仅仅是投资，还是消费，是裂变传播，是社区合伙人，消费、投资和社区，完全成为一个共享的生态平台。

3. 资产通证化的常用结构

不动产资产通证化的标准操作是借用 REITs 的结构设计，然后走资产通证化的合规和交易，因此会通过设计开曼/新加坡的房托基金与 BVI 结构的控股公司、运营公司和 SPV，然后再与资产通证化的基金会发行主体进行战略合作，实现不动产资产化通证的发行、交易等（见图 3 - 1）。

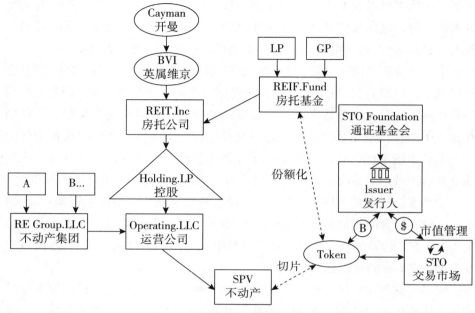

图 3 - 1 不动产资产通证化示意图

在整个资产通证化的结构中，不动产信托投资基金的结构是用来持有和托管不动产资产的，STO 基金会的结构是用来发行和管理不动产 Token 的，二者通过资产通证化实现房托基金的份额化 Token。其中，持有和托管不动产资产的 SPV 是特殊目的实体，进行不动产资产隔离。

基于资产通证化的特点，ST 的收益类型不仅包括传统不动产的租赁固定收益和销售、价格上涨等浮动收益，可以设计各种用益物权比如使用权益，可以用来缴纳物业费、商圈消费等，还可以满足特定条件下用来可转不动产。

不动产资产通证化将不动产债转化为数字 REITs 后，二级市场的流动性，不仅可以在合规的 STO 交易所交易，还可以在合规的数字资产交易所或转换后的数字货币交易所交易，也可以在不动产的场外衍生品市场、去中心化交易所和 AMM 兑换池获得流动性。

四、STO 项目案例

不动产资产通证化在美国、欧洲、新加坡等都是合规的，并已经成熟发行众多不动产证券类通证项目，我们通过海外合规备案注册的不动产 STO 项目案例来更好地理解不动产的资产通证化。

1. Aspen，美国 SEC 备案注册的第一个房地产 REITsSTO 项目

Aspen REIT，单一资产房地产信托投资基金，投资 St. Regis Aspen Resort 科罗拉多州瑞吉度假村酒店，一家提供全方位的酒店/度假/滑雪/娱乐/餐饮等服务的豪华高端服务，其中酒店是万豪集团的丽兹卡尔顿。整合项目将房地产投资信托基金实现了份额化，167.5 万股；发行价 20 美元/每股，募集资金 3350 万美元；在美国 SEC 证监会备案注册通过，私募后 12 个月内公开上市。

其在招股书（Prospectus）里面做了详细的说明，包括不动产情况、财报以及风险提示等，其中项目的发行结构是一个典型的 REITs 的 SPV 隔离结构，顶层是一个马里兰州公司的主体 AspenREITs，成立一个特拉华州注册的 AspenOP/LP 的有限合伙（GP + LP），引入了一个 315 EASTDEAN 的 LP（实控人），AspenOP/LP 全资拥有 St. Regis Aspen Resort 瑞吉度假村酒店，AspenTRS 及 TRS 运营公司为 SPE 项目特殊目的实体，SPV 隔离收益，并签署与万豪/喜达屋的酒店管理协议。

2. Resolute，SEC 备案注册的第一个房地产投资基金 STO 项目

Resolute. Fund 是一家美国的房地产证券通证化的投资基金，由多位拥有超过 30 年房地产投资经验的专业人才组成，主要资金将投资美国的住宅和商业地产项目。Resolute 主要资金将投资于美国的住宅和商业地产项目，相较于其他以创新型技术平台的 STO 项目，投资标的更加稳健；在 Resolute 的发行期间，所募到的加密货币资金由 Swarm 的托管机构合作伙伴 Copper 进行托管，所募到的法币资金将存入其律师事务所 McCarter & English 的信托账户中，以对投资人的资金进行安全保障。

RESOLUTE. FUND 的概要。

投资类型：增值 A 类多户房地产/不良抵押债务。

目标净收益率：每年 6% ~ 8%。

目标净年回报率：18% ~ 20%。

目标规模：10000000 美元以上。

期限：3 年（可选择延长）。

最低投资额：10000 美元。

发售货币：接受投资的法币、美元、欧元、日元、韩元；接受投资的数字货币以特币、比特币、比特现金、瑞波币、莱特币、波场币。

管理费：每年 2.0%。

业绩提成费：20%。

法务：McCarter & English, LLP。

RESOLUTE 数字证券用于向投资者支付从本基金房地产投资赚取的定期股利。撤资后，部分利润将再投资于额外的房地产项目。

RESOLUTE 数字证券的益处有：可控，全年无休，全天候 24 小时（24/7/365）随时能够进行买卖；合规，以编码形式在数字证券内内置全球监管合规；透明、不可篡改，为投资者提供更直接和更明确的所有权。

标的之一介绍：

Chase Tower 大通塔，南本德，IA。

＄750 万贷款余额 – 2011 年 228 万美元购买，持有 2 年后 350 万美元出售。

IRR：21.7%。

285000 平方英尺，南本德最高的办公大楼。以贷款余额的 30% 展期贷款，取消质押后将房产出售给第三方投资者，保留少数股权。2017 年投资 3000 万美元改建成 Aloft 酒店，每年增加 10% 回报。

3. Timeless，SEC 备案注册的房地产 STO 项目

Timeless Luxury Group AG 是一家总部位于瑞士的公司，专注于建造和租赁豪华度假别墅、度假村和游艇，在全球风景如画的地区提供豪华的度假物业作为度假胜地。Timeless Luxury Group 还为客人提供 TIMELESS 品牌的高品质消费产品，如葡萄酒、烈酒和雪茄。

发行的 TMLS 通过提供与未来利润挂钩的股息，为投资者提供参与公司计划发展的机会：

（1）TMLS 持有人有权从 Timeless Hideaways 和 Timeless Resorts 业务部门获得税前、折旧和摊销前 40% 的收益（"EBTDA"）以及 Timeless Yachts 和 Timeless Selection 部门 10% 的收入份额和计划中的全球特许经营概念 10% 的收入份额。

（2）TMLS 持有者优先于 AG 原有股东分配。

（3）作为奖励，持有至少 1000TMLS 的人将获得 20% 的 Timeless Hideaways 或 Timeless Resorts 预订折扣。

其 PPM 招股说明书里面有详细的业务介绍，以及证券购买协议和白皮书。

4. Fundament，德国备案的第一个房地产数字债代币项目

Fundament Group，德国第一个房地产数字债的 STO 代币项目，获得德国金融监管机构 BaFIN 的批准，将提供 2.5 亿欧元（2.8 亿美元）的代币发行，将对任何零售投资者开放，没有最低投资限制，其代币背后有 5 个独立的房产建设项目支撑。

该项目将消除 10 万欧元起投门槛，全球任何人都可以投资任意金额；而且使用运行在以太坊区块链（Ethereum）上的 ERC – 20 代币，自行发币降低成本，从而增加投资人的回报。

其 PPM 招股书里面提到数字债券的投资概况见表 3 – 1。

表 3 – 1　PPM 招股书中数字债券的投资概况

发行人	德国 GMBH 地产基金（汉堡地方法院：HRB 150935）
投资种类	具有年度浮动利率的基于代币的次级债券
收入类型	资本资产收益
估计回报率	每年 4%（IRR）加上可能的销售利润
代币价格	发行时每个代币的名义价值为 1 欧元
发行货币	股息和还款以欧元计价
还款	2033 年 12 月 31 日计划的基于代币的债券名义金额的 100%
付款方式	投资和付款以欧元或以太币进行
年度利息支付	每年 7 月 31 日

5. CRT – CROWDLITOKEN，欧洲房地产数字债 STO 项目

CROWDLITOKEN 的 STO 项目获得了奥地利监管机构 FMA 招股说明书的批准。CROWDLITOKEN 以 STO 形式（称为 CRT）提供数字债券，债券以欧洲精选多租户房地产为支持。CRT 的持有人可以从他们选择的欧洲房地产中获得收益，包括现金流和物业增值中获利，同时保证债券的固定收益。CRT 本质上是债券的数字实现，1CRT 等于 1 瑞士法郎。STO 的参与者可以使用法定货币（例如欧元或瑞郎）或使用加密货币（例如以太坊）购买 CRT。

STO 募集的资金将投资于整个欧洲（包括北欧、东欧以及瑞士、德国和奥地利）的精选多租户房地产。这些物业产生的收入流将被数字化并链接到投资者持有的 CRT，随着房地产价值随着时间的升值，代币持有者将从这些收入流中获得利润。在保证最低限度的利益的情况下，为投资者提供了更高的安全性和安心感。投资者可以预期通过 CROWDLITOKEN 进行的房地产投资将获得稳定的增长和可观的回报，预期净回报率为 5% 至 7%。CRT 代币持有者可以选择以现金形式获得其权益，也可以选择可以再投资以进一步发展

其房地产投资组合的其他 CRT。

除了以上项目之外，还有一些报道中的房地产项目，比如曼哈顿的价值 3650 万美元的 12 套豪华公寓，该项目不再单独销售每套豪华公寓，而是 Token 份额化发行以太坊代币，让希望投资组合中增加曼哈顿公寓的投资者有机会购买，普通投资者也可以以一美元的价格拥有其中的一部分，在 STO 生态的服务体系里 Token 拥有者可以高效快捷地进行买卖，从而有效增加流动性；还有卢森堡的房地产 Token Fund 项目，两大地产商共同成立 Token 基金，将位于 Belval 的豪华房产部分所有权和收益代币化，代币持有者初始投资最小可以是 1000 欧元，转售房产时产生的收入和最终的资本收益会按其投资基金的份额自动分配给投资者。

对比分析下来可以发现，美国和德国的首个 STO 都是房地产固收债类产品，这是数字债模式，固定收益类的房地产债，设计 5%～8% 的固定年化收益，有资产质押、担保或者回购，是非常成熟的传统金融产品，通过数字资产化即可；而对于 REITs 则更复杂一些，要搭建 ABS 结构，有增信、设计夹层和差异化年化收益，然后份额化切片等；房地产投资基金则是份额化，小额及竞价。同时，结合数字钱包，可以场外交易和点对点交易，增加流动性等运营。

从以上案例中可以看出，对于房地产企业，传统的海外债或 REITs 通过数字资产化的 STO 方式发行，有很多意想不到的好处：

（1）有可能提供较低的发行成本（允许较小的发行量和单一资产发行量）。

（2）接触新的投资者群体（在美国乃至全球范围内尝试区块链的早期采用者和传统投资者）。

（3）改进了投资者管理和信息披露（实时跟踪投资者并将信息直推到投资者地址）。

（4）智能股息分配（基于智能合约和预定的区块链支付，如加密货币、稳定币或代币）。

（5）改善的二级交易（在 ATS 交易所、OTC 市场或通过 Token 协议启用的点对点交易）以及其他好处。

通过以上对海外的不动产 STO 项目的详细分析，我们相信，这个可以对中国的不动产 REITs 和 REIF 产生巨大的推动，实现倒逼式创新。

第四章

产业区块链

第一节　产业数字化

传统产业的数字化进程已经如火如荼，从物联网结合 5G 通信技术的大规模应用、工业 4.0 的智慧制造到传统产业的整体数字化转型，都为产业数字化奠定了扎实的基础，也是产业区块链的最好前提条件。

一、物联网

传统产业的数字化，其中一个核心的底层技术是物联网（Internet of Things，简写 IoT）。物联网是利用射频自动识别（RFID）技术，通过互联网和移动通信技术实现物与物的识别和互联，最终在 5G 和人工智能的技术支撑下实现万物互联。

物联网技术主要分为 4 个部分：传感器技术、云计算技术、人工智能技术和 Io 反馈系统。这些都与传统产业的设备、商品、生产过程甚至物流运输、终端零售等都密切相关。

IoT 传感器技术是物联网的核心，它通过传感器将物品以及物品的环境进行监测和转化为可输出的 Io 信号，还可以接收控制系统的信号转化为可执行的设备动作。现在的传感器已经有数百种，比如分别有温度、湿度、运动、光、声噪、烟雾、压力、图像、红外、液位、陀螺仪、化学、接近传感器等，已广泛应用于航天、航空、国防、科技、工农业生产等领域，甚至已经有复合型的智能传感器。

物联网设备大部分都有芯片，甚至还有 CPU 内存等组合，芯片的计算能力越来越强。因此，物联网设备的"物"可以作为区块链的矿机，成为链上的分布式记账节点或者作为可信的数据采集节点，为产业的区块链提供安全可信的基础。

5G 时代的来临让万物互联成为可能，因为 5G 网络的超低功耗、低时延高可靠、海量连接和多终端网络兼容等的技术特性，让以前很难实现的物联网场景变得简单可用。5G + IoT + AI 的组合，已经可以实现类似智能物流、智能交通、智能家居、智能医疗、智慧城市、虚拟现实等数字化产业场景。

物联网结合 5G 技术，让 On – Chain 的数字资产在向链下投射时，更好地实现 NFT 的映射和实物资产的原生信息的数字化，并能够在有计算能力的基础下实现投射的加密和唯一性，还可以参与到下链的一致性共识中。

二、工业 4.0

工业 4.0（Industry 4.0，又称第四次工业革命）是制造业数字化水平提升的时代机遇，最早是德国政府提出的高科技计划，用来提升制造业的电脑化、数字化和智能化。它的核心技术基础是智能集成感控系统及物联网，结合工业人工智能的技术创建具有适应性、资源效率和人因工程学的智能工厂，并在商业流程、价值流程中集成客户以及商业伙伴，提供完善的售后服务。

纵观工业历史，从工业 1.0 以蒸气为动力，机械代替人力；工业 2.0 以电气为动力，进入电气化时代；工业 3.0 以计算机协助人工制造，进入计算机控制时代；到了工业 4.0，则是以"智慧工厂"为革命重点。

工业 4.0 的智慧工厂是将物联网、云计算、人工智能、虚拟现实、增值制造、机器人、5G 通信等突破性技术紧密结合，打造高灵活度、高利用率、虚实结合的制造产业，其核心价值是利用物联网、智能感控等技术互联万物，机械与机械、机械与人之间可以相互沟通，将传统生产方式转为高度定制化、智慧化、服务化的商业模式，实现从 IP 设计、产品研发、采购、制造、分销、零售到终端客户的实时信息流通，可以快速制造小批量高定制产品，从而适应快速变化的市场。

工业 4.0 的智慧工厂已经不再是传统制造业的平行创新了，它对新的组织形式、生产模式、生态体系等都提出了新的更高维度的愿景和要求。因此，工业 4.0 与产业区块链有天然的结合性，越来越开放和个体的经营单元、自我驱动的激励机制、IP 设计的资产化和驱动定制化生产、人力资本的资产化、灵活定制并与金融相结合的智能合约、消费者或用户的开放式自治社区等，都是产业区块链所可以融合实现的。

三、产业数字化转型

传统维度的数字化转型在传统产业里面一直在持续深化，目前产业数字化开始强调以消费者需求为中心的价值链，不只是优化企业生产和内部管理的关键技术支撑，而更是连接市场、满足消费者需求、更好服务消费者的重要方式。所以数字化的重点，开始从内部的数字办公、ERP、仓储物流等数字化，转变到利用互联网平台、大数据等技术提供满足消费者多样化需求的数字化解决方案，以及 DIY 的柔性化生产、全生命周期的数字化服务体系和消费者参与产品设计的社区平台等。

产业数字化转型目前主要是以数字化的信息和知识为核心生产要素，而且随着数字化不断加强，数据规模也在不断扩大，加强数据资产管理成为数字化转型中企业的共识，越来越多的企业将数据纳入企业的资产管理中，也将数字资产作为链上的重点之一，但从数字资产的角度，比数据资产更关键的是，找到企业真正有内生价值的核心资产，建立链上的原生数字资产，然后投射到链下的实物资产、数据资产或者交易等。

产业数字化目前分为两个方向：一个是当前的新基建计划，以 5G、人工智能、工业互联网、物联网、大数据中心等为代表的数字化设施正成为国家新型基础设施的重要组成部分，积极部署新一代信息基础设施；一个是产业或企业侧重营销端的数字化来抓增量，内部运营的数字化来节源，比如围绕新零售、移动互联网、智慧门店、O2O、会员积分等业务模式的数字化革新，来开拓新的业绩来源。

无论在基础设施数字化建设和营销运营端的数字化革新，还是与传统产业同维度的平行优化，都没有实现高维度的升级。产业区块链的深层次设计，是要找到背后核心的能量场和内生价值，而不仅仅是在战术和手段层面的不断焕新。这可能需要产业重新认知当前的产品、当前的员工、当前的组织、当前的交易等。

案例：

丹麦马士基公司将数字化转型作为强有力的战略支柱；马士基强调通过数字化为其主业实现持续的价值创造，而这些价值创造将成为马士基抓住货主的利器；具体而言，马士基数字化转型的众多举措均致力于在全球集装箱物流服务中为货主提升便利性（数字化一站式服务平台）、透明度（数字供应链）和高效率（基于区块链的全球贸易数字化平台 TradeLens）。

在马士基的数字化转型中，不得不提的是具有行业革命性意义的TradeLens。这是马士基于 2018 年与 IBM 组建的合资公司，致力于联合开发和推广基于区块链的全球贸易数字化平台。在航运业中，一个集装箱的物流全过程往往涉及十几乃至几十个不同交易方/监管机构间的流转，不同交易方/监管机构的流程/手续也未完全标准化，因此流程与参与方的复杂度使传统集装箱物流难以较好地兼顾流程效率、数据透明度与数据安全性。

这一现存的行业痛点被马士基敏锐地捕捉到，并在其数字化转型中迈出了航运业中商业化区块链技术的第一步，利用区块链技术实现对各方信息全程透明、显著提升流转效率、限制篡改/欺诈现象的兼顾。

具体而言，TradeLens 通过区块链技术建立加密的分布式账本，以结构化的格式记载商业发票、装箱单、提单、清关材料等货运过程中所需文件，所有更改都会产生新的区块，实时分发给所有参与者，并根据权限设置向不同参与方开放数据。在这一机制中，所有更改均被记载并分发，保证了可追溯性；跨参与方的运作流程都被固化在账本中，保证了商业逻辑不可篡改；结构化数据替代传统纸质文件操作，提高了效率；同时统一平台也省去了货主与物流服务商建立传统点对点式 IT 系统对接的金钱与时间成本。

依托马士基在集装箱物流领域占全球七分之一的巨大的业务体量，TradeLens 致力于为货主和其他交易方/监管机构创造显著的效率提升与成本节约；这已不仅仅是一个企业层面的数字化转型，通过将自身行业地位与现有优势与数字化的结合，马士基有望通过 TradeLens 推动全球航运生态的数字化转型，引领行业标准的进一步统一，逐步让 TradeLens 这个全球贸易数字化平台成为未来全球集装箱物流界的水电煤，为生态体系中的所有交易方带来便利；更进一步，TradeLens 还将有效助力马士基成为一站式全球综合物流服务商的整体业务战略，提升马士基作为一个企业的发展上限。

第二节　产业共识与信用

一、产业链与节点

传统产业因为在技术、产品、信息或资金等维度的供需关系、地域关系等形成了不同的上下游产业链，进行相互交换和反馈，建立了临时或持续的产业链关系，这就是产业链的形成。在传统产业链条中，一般会存在核心企业，这些核心企业是产业的龙头企业，有着大量的上下游企业为其提供各种产供销或者技术、数据等配套服务，比如一级供应商、二级供应商、三级供应商或者一级批发商、二级分销商、三级零售商等，是一个中心化或多中心化的价值链条网络。

在去中心化的产业区块链里，替代传统上下游产业链条的是产业链的节点和网络，一个是不同类型的节点，一个是节点组合而成的 DAO 自治网络。同样叫"产业链"，传统产业的链是上下游链条的"链"，而新维度的链是产业区块链的"链"。

1. 节点和分布式网络

分布式网络，也叫去中心化网络，和中心化网络相比它是一个全新的网络结构，是由分布在不同地点或空间的多个节点点对点互相连接而成，形成纵横交错、没有中心节点的网状结构。因为分布式网络没有中心化控制中心，不会因为中心服务器遭到破坏而造成整体崩溃，而且分布式网络中的某个节点损坏时，数据信息还可以通过其他节点进行传输，具有较高的可靠性和传输速度。

产业区块链的基础是分布式网络，采用加密算法保障网络的安全有效，并通过共识机制和激励机制实现节点网络的正常运行。产业区块链的节点就像是一个发挥着不同功能的通信节点一样，它可能是一个龙头企业，也可能是一个中小企业，甚至可能是一个个体，或者是一个第三方的参与者，这些节点之间进行着相互交流，同时也通过区块链的点对点协议来传输交易和区块的信息并验证系统的完整性。

一个产业区块链，会有发起节点或创始节点，主网上线后又会分为超级节点、生态节点或轻节点。发起节点或创始节点，一般是产业区块链的发起创始人/企业，会作为链的创始启动的节点，有一定的投票权或者治理权利；主网上线后，超级节点是一个开放可见的全节点，也是一个开放透明的分布式账本，作为一个完整的分布式全节点，它会扮演数据来源和交流桥梁的角色，7×24 小时不间断地将区块链上的历史信息和交易数据传输给全部的节点；生态节点是产业区块链的业务参与节点，它不一定是全节点和分布式账本，但是会参与到产业区块链的业务场景和治理投票等生态环节中，并获得一定的生态激励；轻节点一般是指非全部数据的最新浏览、无操作权限或者移动端的节点。

通过不同类型的节点，形成无中心化的分布式节点网络，并建立节点网络的生态机制和激励机制，从而将传统的上下游产业链条转化为开放、透明、平等的分布式企业节点网络，这是产业区块链的升级核心。

2. DAO 产业组织

产业区块链的组织形式可能是 DAO 自治模式，DAO（Decentralized Autonomous Organization）全称是分布式自治组织。DAO 是在链上运行的分布式组织，并通过智能合约实现治理规则。这种完全由代码控制运行的组织形式，没有创始人，没有董事长，没有 CEO、CTO，没有人事财务研发市场销售部，彻底颠覆了传统产业的公司制模式。

与传统产业和公司越来越臃肿和低效的人治机制，在链上的 DAO 是一个完全自动运行、自我治理的实体组织，开放、透明、无准入，任何一个人或者节点都可以随时加入或者退出。它有几个典型特征：分布式自治组织，基于可编程、可升级的智能合约运行，基于内置的 Token 进行激励。DAO 的 Token 成为运行系统中唯一货币，运行结构简化只有生产者（taker）和投资者（maker），用于自我驱动和治理投票的 Token 是可以自由流通，而且价值完全由自由开放的市场来决定。

以太坊创始人 Vitalik 将 DAO 定义为"一个生活在网络且独立存在的实体，但也严重依赖于人来执行它本身无法完成的某些任务"，而 Richard Burton 明确地表示："DAO 是一种奇特的方式，它是一种生活在以太坊之上的数字系统。"对比 DAO 自治组织，产业区块链的组织形式更应该趋向于这种自治模式：一个把参与的节点或人们聚集在一起，朝着一个共同产业目标工作的社会群体。

二、产业共识

产业共识不再是传统的产业联盟，而是从区块链和分布式节点网络、数字资产等角度的一致性，是对内在的内生价值、对高维的能量场的共识。产业区块链作为一个分布式、去中心化的区块链，是有分布式节点通过挖矿或投票来实现记账或交易的，此时，共识算法来实现达成一致性共识的机制。

产业区块链是运行在一套协议之上，比如以太坊的协议定义了以太坊区块链的运作规则和组成部分、参与方要遵守的底层协议，而以太坊上的工作量证明（PoW）和权益证明（PoS）共识算法来验证资产和签名确认交易和区块并保持一致性。因此，共识算法是维持产业区块链分布式网络完整性和安全性的关键因素，它让分布式节点能达成一致共识。

在链上，共识通过算法来实现一致性，不同的产业区块链要与产业场景紧密相关，联盟链大多使用 RAFT 或 PBFT，许可链使用 DPOS，无许可链使用 PoW、PoS 等共识算法。理论上讲，没有最好的算法，只有最适合该产业的算法。区块链的"不可能三角"是共识设计的结果，共识设计要求每个节点验证并执行每个事务，这种连续验证限制了整个网络的可扩展性潜力，尤其是随着时间的增长账本数据也在不断地增长。所以，不同的产业，需要根据产业的实际需求和交易结构等选择特定的共识算法，从而实现最优方案。

三、金融科技

目前，产业链的供应链金融、互联网金融等科技金融产品，都是基于产业信用和产业大数据建立风控模型，提供"数据—信用"的金融服务。最新的金融科技，通过大数据、云计算、人工智能、区块链技术来解决传统金融的信息采集、风险定价模型、投资决策和信用中介等痛点。大数据风控基于海量的数据，数据时效性更强、数据维度更多、数据处理更快，充分应用新技术包括大数据采集和处理、机器学习、生物特征识别、自然语言处理、用户画像等，从而可以有效地替代传统银行风控。大数据风控和金融科技在欧美等发达国家，在信用经济、消费经济、普惠金融等领域扮演着不可替代的角色，随着与人工智能、机器学习等技术的进一步融合发展，在中国也进入了飞速发展阶段。

传统银行风控的手段比较单一、依赖人力成本，很难为中小微企业提供低成本高效率的风险定价和相匹配的金融服务，而以大数据风控和智能风控为代表的金融科技通过大数据、云计算、人工智能、区块链等最新 IT 技术，改变传统金融的信息采集来源、风险定价模型、投资决策过程、信用中介角色等，大幅提升传统金融的效率，解决传统金融的痛点，可以高效率、低成本的为小微企业或个人提供如大数据征信、智能投顾、供应链金融等普惠金融服务。

在产业区块链，核心是基于产业共识，才能够形成产业链内的信用共识；而信用共识是产业区块链的金融服务核心。产业区块链的模式可能会颠覆传统的科技金融模式，它是先有链上的数字资产信用，再有算法和数据，也就是"信用—算法数据"的金融服务。

在链上建立产业的"信用"数字资产，甚至将产业信用货币化，通过产业的特定共识基于代码和算法实现一致性，然后投射到链下具体的业务场景和数据上，通过智能合约来自动执行金融服务。产业区块链的链上金融服务，是一系列的协议和数字资产，通过智能合约执行协议和资产，并通过货币化的"信用"进行结算和清算。由于产业区块链是开放、透明的，而且无许可、无准入，因此真正实现无门槛、唾手可得的普惠金融服务。

第三节　公链与许可链

区块链可以按许可模式分为无许可公链、许可公链、联盟链和私有链，其最大的区别是共识算法和节点许可模式。其中，无许可公链大多采用 PoW、PoS 共识算法，许可公链采用 DPoS 共识算法，联盟链采用 RAFT、PBFT 共识算法，私有链是私有单独部署。

一、公链的核心价值

无许可公链及完全公有链，其核心是完全开放和自由，任何用户都可以自由、匿名地加入和参与记账或验证签名，不需要许可、不需要准入，也不受任何监管地进行数据交易和信息广播，具有透明性、隐私性和完全去中心化的特性。

无许可公链允许任何人或节点进行交易并验证签名或记账，链上的数据是公开透明的，区块链账本是分布式记账，分布存储在全球各地的节点上，而且有一个共识的内置 Token 体现价值波动和进行激励。因此没有任何人可以完全控制它（至少 51% 控制权才可以部分控制或篡改），可以持续稳定的运行；还可以保持相对匿名，因为无须身份验证就可以获得公开链上地址并进行交易。

无许可公链的优势是分布式、去中心化或去中介的网络平台，无许可无信任，无准入门槛，无监管或者抗监管，可持续、可治理，稳定可靠。当然，公链也有一定的缺点：其安全完全取决于节点的数量和参与，公链大多会被法定政府审查和监管，存在51%的攻击和操纵篡改的可能性，运行效率比较慢而且可能会有大量的能量消耗。

作为最突出的无许可公链代表，一个是比特币，一个是以太坊。前者主要突出点对点电子支付的比特币场景，后者搭配了实现图灵完备的EVM可以运行强大的智能合约。随着以太2.0的升级，以太坊生态越来越适合产业区块链的建设。

以太坊2.0是从当前以太坊1.0从PoW共识到PoS共识的升级，它可以充分改善以太主网的可扩展性、吞吐量和安全性。以太坊2.0基于PoS权益证明共识算法，节点通过质押32个ETH来参与分布式记账和验证签名区块，并会有相应的激励和惩罚。

以太坊还计划通过分片、侧链和rollup等技术进行Layer2的扩展，在提高效率的同时，扩展丰富的应用，围绕创新的超额抵押、稳定币、闪电贷、合成资产、AMM流动性、DEX、智能钱包等模式与场景，进一步打造强大的以太坊生态体系。

即使是敏感的法定数字法定货币领域，以太坊创始人维塔利克·布特林（Vitalik Buterin）表示："我认为以太坊作为一个中立的、全球性的、无许可的平台，可以为所有这些新的中央银行数字货币以及其他货币发挥作用。如果以太坊最终成为这些国家之间的黏合剂，那么ETH将是一种最好的中性资产。"

对于那些主权货币比较弱势的中小国家，在法定世界没有多少话语权，其数字法定货币的发行可以依托于开放透明的全球性的以太坊无许可公链，以ETH作为中性资产作为质押或中介，让自己的数字法定货币具有持续的生命力，又无须依赖于其他国家的法定货币，而且可以衍生出丰富的应用场景。

二、产业链的架构

围绕产业的复杂业务和跨组织形式，产业区块链的架构不是一个单一的区块链，而是通过跨链技术支撑的三层结构：公链—子链—云。Layer1是底层公链，对产业的内生价值和能量场的一致性共识，Layer2是子链或侧链，在链上的不同应用场景衍生共振的能量波，Layer3是产业的数字化云，链上的能量场和能量波投射到链下的全息数据"相"。

主网是无许可公链，假设是基于以太坊平台；那么，子链或侧链就是基于 Plasmamvp、Rollup 零知识证明等实现的应用场景，包括资产协议、金融合约、智能钱包、DEX、AMM 等；然后，下链投射到产业云，通过默克尔树、哈希加密、零知识证明等实现业务系统和云数据与链上的协议和资产的映射对接，包括链下的资产、交易和货币流动等核心数据。

很多围绕产业的区块链项目都主打资产或数据"上链"，这种架构方向是片面和错误的。如果只是围绕产业的数字化系统和云平台的各种数据，从没有信任的链下实物世界到链上的数字资产区块链的 On－Chain 过程中是很难解决信任问题，即使产业数字化充分采用了高大上的物联网或 AI 技术。产业区块链的核心不是实物资产上链，然后继续走中心化的传统经济和金融的链上套路，而是真正的创建无许可的公链平台以及链上的数字原生资产，这些数字资产是无许可公链原生的、NFT、无信任的，然后再投射下链，映射或衍生到可能的实物资产形成产业数字经济生态。

在产业区块链的架构中，On－Chain 对 Off－Chain 是降维而不是平行，总是想把链下传统的产业模式的搬到链上—"上链"是行不通的，因为不在一个维度；要先有加密思维，有无许可公链的 On－Chain 原生资产，再降维到链下，投射到实物资产或合成资产上—"下链"。架构的核心必须是降维的下链，而不是反向的上链！

三、产业生态经济

产业区块链的终极目标是建立一个开放、公平、良性运转的产业经济生态。这离不开底层公链的支撑，也需要 DAO 治理，Token 的激励惩罚和增值的自我驱动，资产的多样化协议和金融合约，以及各种丰富的流动性市场和一致共识的产业稳定币。

产业生态的核心是产业数字资产或资源的再分配和二次分配机制，而企业最关心的主要是：资产、订单（增量的订单和流量）和金融（新的钱）。其中，资产是通过链上的数字原生资产，基于合成资产协议和金融合约等投射到各类实物资产或新的合成资产上；增量的订单和流量是通过新的流动性市场来获得；新的钱则来自产业区块链中的 Token，Token 既是融资的货币，也是产业结算的货币，还是治理投票的货币（Voting Token）。

围绕着 Token 的分配机制和治理机制是产业区块链的核心，如果在一个产业链的治理机制上，每个节点或个体通过质押 Token 来进行投票，除了一人一票之外，还可以通过投票产业优先参数来进行二次标度，让产业内重要人群获得二次投票的权利，从而让产业治理更趋向于合理；而分配机制上，则通过质押和持有的 Token 来进行分配，并通过各种衍生的产业资金池进行二次分配，从而让投资和参与者也可以真正按贡献和参与获得激励分配。

最终，无许可公链的产业经济生态，可能会是这样的：核心的产业共识形成一个链上的数字能量 IP，转化为一个或多个 NFT 链上原生数字资产，通过合成资产协议比如 UMA 合约和 SPV 协议等投射到链下不同的产业资产，通过这些投射的合成资产 Token，在开放金融的借贷平台 Maker DAO 质押出 DAI 用于铸造产业稳定币×DAI 或直接用于产业结算，将合成资产 Token 同时可以在 AMM 和 DEX 等市场获得流动性，同时将合成资产 Token 转化为传统金融市场认可的 STO 来融资并通过 STO 交易所获得链下的流动性和资金，最终通过 Token 来提供交易挖矿治理的分红。

第四节　产业区块链核心

产业区块链是一个有机组成的生态链条，其核心要素通过该链条上的十二个环节展开介绍，以形成对产业区块链的全貌概览。

一、节点端

产业区块链的形成，是由产业而发起，因此产业区块链所基于的节点网络，有产业的发起人，一般是进入最早或觉醒最早的龙头企业作为创始节点，并继续发展成员节点，各类相关企业、机构与资产等可以成为超级节点或生态节点，也可以有大量的渠道商或中介环节成为卫星节点，能够逐步建立自组织 DAO 模式，形成无中心化的分布式节点网络，并建立节点网络的生态机制和激励机制。

组织形式已经不再是传统的产业联盟模式，而是通过独立的非营利性组织——产业协会的形式，基于协会的理事会等机制进行治理，并逐步过渡到社区自治，成为一个运行起来就不会在停止的主网模式。协会通过产业区块链的主网吸收平台的创始成员、用户成员，主要面向当前产业的企业、贸易、投资和资产等，同时考虑特设部分监管节点（不参与实务），以产业聚集地为总部，围绕产业打造节点计划，最终实现产业的数字资产贯通，建设一个面向企业、项目、资产和个人的无国界的产业金融生态系统。

以前的基于核心企业的上下游模式，各地发展代理的合伙人计划，松散抱团的产业联盟等，都会以产业节点网络的形式来取代，其生命力在于开放、公平、透明、协作、分享和共识。

二、设备端

产业区块链的组成要素，除了企业和人的节点之外，还有一个产业的特点：有大量的设备。随着工业 4.0 和 5G 的不断发展，企业有大量的数字化的设备，这些设备很多有芯片或物联网技术、5G 通信模组等，计算能力和联网能力越来越强。因此，产业的部分智能设备，是可以作为产业区块链的矿机，成为链上的分布式记账节点或者作为可信的数据采集节点，为产业的区块链提供安全可信的基础。

工业物联网是产业区块链的基础，物联网结合 5G 技术，可以让产业区块链的链上数字资产在向链下投射时，更好地实现 NFT 的映射和实物资产的原生信息的数字化，并能够在设备有计算能力的基础下实现投射的加密和唯一性，同时参与到产业区块链的一致性共识中。

除了大型的智能设备之外，还有一些小型的智能设备或者类似冷钱包硬件、路由器等也可以成为产业区块链的轻节点，它可能不能成为有全网数据的全节点，但是可以作为一个与自己相关交易数据的轻节点，不参与区块链的分布式账本或区块的验证交易，主要是基于轻节点来使用场景功能或产业互动。

产业区块链也需要自己的产业钱包，包括硬件类的冷钱包，简单易用而且安全可靠，这样才能带动产业更多的人参与进来。区块链钱包因为助记词、私钥等让很多专业的人都有些头痛，对于传统产业的人更是一个门槛；因此，通过产业的专用硬件设备，存储助记词私钥等，类似一个 U 盾，即插即用，平常是离线不接入产业区块链，接入时通过安全传输通道传输到联网设备进行产业区块链的交易，或者产业特定场景。

三、资产端

数字资产的核心是资产协议和结构化模型。产业区块链的核心目的不是资产或数据"上链",而是基于区块链维度全面数字资产化,基于不同的数字资产协议类型和结构化模型进行投射到产业的实物资产和业务场景中。

区块链原生数字资产有 ERC－20 代币类协议、ERC－721 唯一性 NFT 协议,也有适用于证券类 Token 的 ERC－1404、ST－20R、R－token 等 STO 协议,在 DeFi 里还有众多的合成资产如 setProtocol、synthetix、UMA 等协议,以及通过侧链或哈希、零知识证明等与主链关联的链下实物资产数字化标准,这都是产业区块链里的资产协议板块。

链上的数字资产基于分布式账本和共识以及标准协议产生,并有相对应的智能合约;还可以进一步基于智能合约或者合成资产协议组合成为新的数字资产,并与不同的数字货币或代币产生交互;这些数字资产在链上无须信任、不可篡改。

数字资产在往链下投射的时候,需要有一个结构化模型,这是结合了 SPV 结构化和 NFT、零知识证明等技术,原生数字资产的 NFT,对应到 SPV 隔离和结构化的底层资产,并通过零知识证明、哈希以及默克尔树等加密技术实现主网可信同步,最终投射为一个可信的实物数字资产,成为链上原生数字资产或合成资产的底层数字资产。

有了可信的底层数字资产和链上的原生数字资产等,基于合成资产协议,可以组合各种衍生品数字资产或者金融合约资产,并通过原生数字代币开放风险敞口或收益头寸。

数字资产的发行要紧密结合产业的布局,尤其是当前产业的发展战略,比如大宗商品和贵金属等产业,是可以结合国家的"一带一路"战略和人民币国际化战略,基于"一带一路"沿线国家和企业的国际贸易基础,设计和发行大宗商品或贵金属类的产业数字资产,实现实现资产上链、确权、价值锚定、发行或离岸托管等数字资产服务,对数字资产进行托管和储备,建立产业数字资产的跨境流动。

数字资产的特点让发行和流动更具有优势:全球化定价、7×24 交易、兼容法币或数字法币、实时结算,稳定平台币、共享权益、场外衍生品、特定钱包、特定交易所、特定场景,超额抵押、合约保险、SPV 托管,合规发行、数字私募和证券化。

四、投资端

产业区块链的核心目的是让产业数字资产更有流动性和投资性，而不仅仅是产业业务场景上链，因此一开始就要重视产业区块链的投资端，无论是对产业的数字资产还是产业的金融合约、交易衍生品以及数字金融。

产业区块链与通用无许可公链有区别，它涉及产业共识和产业节点，因此对于产业区块链的参与者，需要有相对应的用户身份识别（KFC），即产业的合格投资人管理。用户身份识别不是要登记用户的隐私数据，而是要识别用户在产业内的身份，这些身份可能是与人相关、与设备相关的；同时，也是监管方面对反洗钱（AML）的需求，从而确保产业区块链的参与放没有合规方面的风险。

区块链的特点是匿名性，但匿名与 KYC 并不冲突，KYC 是产业区块链进行用户产业身份识别以确保不会有非法身份用户进入产业区块链或者非法交易收入进入产业区块链，身份识别过程是通过算法和加密技术来实现的，对于合规的用户在区块链上还是匿名的一个公开的区块链地址，并不用担心个人隐私会被泄漏。这也是产业级应用所必须考虑到的问题。

通过 KYC 后，产业区块链的投资还需要满足投资者适当性原则。当参与者只是参与开放无准入的区块链账本或者区块验证时，是不需要穿透定性的铃铛参与者要进行产业数字资产或金融合约投资的时候，需要向投资者进行必要的投资风险提醒和合理的适当性分析，即从数字资产角度了解投资者的身份类型、产业角色、投资经验、风险偏好等相关信息，进行适当的提醒和推荐，建立合格投资人机制。

产业区块链投资与常规的数字货币投资不太一样，需要有一定的产业经验或专业知识，所以一般通过产业投资基金，或者专业托管人、经纪商。链上的投资基金一般以 Token Fund 形式，这个既是指进行数字资产投资的基金，也是指基金份额基于 Token 来作为投资凭证，实现 Token 化。投资标的从股权等转变为链上的数字资产，交易方式也转变为数字资产交易所、场外 OTC 等，而投资、持有、份额分隔和分红机制也基于链上的 Token 和智能合约来自动实现。产业数字投资基金一般选择设立类似开曼群岛的私募股权投资基金，同时要考虑投资基金对数字资产（Token）的合规问题，还有包括税收豁免，银行开户清算，司法政策等。由于开曼群岛对数字资产的政策比较开放，而且中国香港有虚拟资产的合规条例，所以数字投资基金也建议选择在开曼或中国香港设立 LPF 基金，在中国香港设立持牌的基金管理人对 Token Fund 进行管理和运营。但 Token Fund 不同于基金会（Foundation），这个务必要清晰。

基于 Token Fund 这种新投资形式，除了将有别于传统的数字资产投资份额 Token 化，Token Fund 还可以通过 Token 将数字资产的投资收益或风险敞口再开放给更多的普通投资者，比如通过持有某个 Token，可以相当于间接投资 A、B、C 等三种数字资产；或者投资对应不动产类的指数 Token，间接跟踪十几种不动产的数字资产。Token Fund 有专业管理人，也有第三方数字资产托管，非常适合非专业的普通数字资产投资人。

五、交易端

产业数字资产交易与数字货币交易不同，需要有与证券化或实物资产相关的合规牌照，或者基于场外 OTC 的交易协议，才能对有实物资产支撑的原生数字资产、STO 数字资产或者合成数字资产进行交易。

CEX（产业的中心化交易所）需要有相关的合规牌照，并接受金融监管，目前新加坡、瑞士、日本、美国等都有相关的数字资产交易所或 STO 交易所的牌照，还有一些小国家比如爱沙尼亚也有数字资产方面的牌照，这些都明确不是数字货币交易所。

DEX（产业的去中心化交易所）是基于区块链分布式交易，不需要托管数字资产，每个投资人都可以点对点进行交易，因此暂时不需要监管和合规牌照，但是交易量不大，不容易形成交易指数等，交易效率不如中心化交易所，很难进行量化、高频交易等，还需要不断提升和合规。

DeFi（产业交易还会基于开放金融）有自动做市商（AMM）流动性市场，如 uniswap、balancer 等，通过初始的数字资产和交易对手资金，形成一个局部的自动做市的流动性，可以进行数字资产的部分价格发现、阶段性推广、社区持有激励等交易目标。开放金融的智能钱包比如 Argent 等也开始提供 NFT 或者其他数字资产的交易和交换，相当于一个分布式的点对点交易，因为用户基数和便捷体验，也是一个典型的场外 OTC 交易模式。

产业数字资产交易已经不仅仅是单纯的资产交易，还融合了投资、金融、衍生品等多种形态，而且也不再只是资产交易的价差，既有交易的利润，还有流动性的激励、共享池的二次分配等，这对产业数字资产的运营人员提出了比较高的要求，需要国际金融和投行人才共同参与。

产业数字资产交易还可以参与到"一带一路"建设的国际贸易中，通过"一带一路"的数字资产交易市场，可以作为"一带一路"沿线的数字资产的登记、确权、托管、撮合、交易、衍生等平台，与各种跨境贸易平台、供应链金融平台、资产平台、稳定币或数字代币等进行对接和数字资产交易流通服务。

六、金融端

产业区块链在实现全面数字资产化后的下一个目标就是增加流动性，实现金融目标。所以，产业区块链的金融不是指围绕产业的金融业务场景，比如金融科技、工业设备金融、供应链金融等都是局部的业务场景，的确是可以通过产业区块链来进行升级和改造，这些在区块链场景环节里面详细展开，真正核心的是基于区块链的开放金融和创新模式。

产业区块链的金融基础是"数字资产+智能合约"，一个角度是传统金融产品和服务，都可以在产业区块链上基于数字资产和智能合约进行重构，比如围绕产业数字资产发行数字债、投资基金、信托、票证、合成资产等数字金融服务，链上开放交易、融资、投资、托管的智能合约；一个角度是基于区块链和开放金融进行创新，比如发行链上的数字资产储备、托管和交易，算法与质押打造产业稳定币，合建产业数字资产交易市场和产业影子银行（数字银行），建立产业数字资产共享池，进一步创新数字接待、数字金融、数字金融衍生品等。

产业区块链的金融比数字货币投资复杂，因为有产业链和交易对手在，有实物资产支撑的数字资产在，所以会有丰富的产业投资角色：产业交易对手、第三方托管（keeper）、经纪商（broker）、信托资管等。其中，信托模式可以结合区块链特色进行深度融合，因为信托的信任基础、多元主体、中低频交易等特点与区块链本身的特性有着高度契合度，区块链技术在应用于信托业务场景时有着相当大的优势。而产业数字资产投资管理和金融合约的信托，可以为不专业的中小企业提供专业保障。

信托（Trust）关系中一般涉及三方面当事人：委托人、受托人以及受益人，传统产业里面信托是企业最常用的金融工具之一。在产业区块链上，数字资产可以实现链上的托管，可以实现可编程的 SPV 结构化，通过分布式的共识和代码级的信任来建立链上的信托模式。信托的隔离和分层，可以通过智能合约编程实现；让算法成为受托人，重构信用机制，全网节点验证确认记账，无法篡改，无许可、无准入的信托资产池，并基于产业区块链的主网进行企业或资产的价值传递，并通过算法实现止损风控，低成本、无道德风险，最终让链上信托成为无中介、无准入、透明开放、底层穿透的产业开放金融工具。

产业区块链在金融领域还可以降低传统产业的期货、期权、衍生品等的金融门槛，通过无准入的开放金融的金融合约平台，可以让产业中更多的中小企业参与风险对冲，应对产品价格波动或者采购原材料价格波动。通过金融合约 UMA 等平台，可以基于链上的数字资产开发掉期、互换等数字资产衍生品，同时可以通过可替代的 Token 来表示每个交易对手的风险敞口，从而将中小企业的风险敞口不仅可以互换，还可以开放给更多感兴趣的投资者，尤其是资本较少、受限于传统金融门槛的产业投资人，甚至是产业的参与者或用户。只需要通过产业区块链的数字钱包，就可以参与到产业的数字资产投资中，这对于产业中最常见的比较小或者不熟练的投资人来说非常合适，他们不需要担心存入额外的保证金、违约或检查合约是否到期等，也可以从钱包里随时查知最大的损失可能性。

七、融资端

产业区块链在数字资产和金融的基础上，同时承载着企业最核心的诉求之一——融资。有了数字资产和数字金融之后，产业融资的方式和渠道也有了非常大的变化。基于产业区块链和数字资产化，对实体经济业务的促进，或者局部的供应链金融区块链等热点题材，可以让传统股权融资的估值和可能性有极大的提升；如果已经是上市公司，那么借助产业区块链和数字资产等符合国家战略的热点进行市值管理是水到渠成，当然不能搞成泡沫和炒作。

结合数字资产和合成资产，产业区块链还可以为优质企业的资产或项目设计发行 STO（证券类 Token）进行海外融资，用于资产或项目的投建和价值挖掘，将资产或项目的未来预期收益等转化为当前的现金流进行投入。

在分布式的产业区块链和节点网络中，还可以基于共识的 Token，与节点进行互换，比如代理商、经销商或零售终端的节点，可以通过流水换取替代股权的 Token，通过开放、透明的 Token 来进行产业链聚合，也可以结合公司的股权或 IPO 的股票与 Token 进行可转权益设计。

在开放金融中存在一个类似产业投行或"央行"的角色，产业通过质押社区认可的数字资产（实物资产 STO 或 NFT 数字资产）来生成类似 DAI 稳定币，通过有充分流动性的稳定币进一步获得流动资金，在约定的借贷期内按合约利息归还或者分红，这是一种特殊的产业"铸币"模式。

还有一种特殊融资方式，产业融资主要是为了有资金进行采购或者生产、分销等，所以在一个成熟的产业区块链和广泛的、分布式的节点网络中，通过发行产业内共识的产业稳定币也可以帮助企业实现融资，因为产业稳定币主要用于产业链内的结算，从而降低了法定货币的成本和法定货币的融资需求。

八、数据端

数据要素成为最近的热点，数据上链、以数据要素为基础的数字资产成为区块链和大数据中心新基建的核心。产业会产生大量的不同类型的原生数据，这些底层的原生数据，要进行数据治理后基于区块链的技术要求和数据资产的标准协议来上链，并经过加密和隐私保护的处理，才成为数据数字资产的基础。

产业数据的核心不是形成数据类的数字资产，而是作为产业的数字资产的底层数据资产，比如作为资产类数字资产的底层数据支撑使用，或者作为金融合约的价格提供的数据支撑使用等，而不是将数据上链转化为可交易的数据资产。数据的本质价值是使用，而不是交易。

即使是围绕消费者价值的个人数据，有交易的诉求或市场，也要秉持数据要素是生产资料和商品、货币的辅助，它会参与生产和分配，但不是独立的主体要素，只有因不同的使用主体而产生不同的使用价值，因此不要去突出数据要素的交易价值。企业购买个人数据，是为了使用这些数据以达成企业的经营目的，而不是这个数据本身就具有定量价值。

突出数据要素的使用价值以及参与生产和分配的角色，就需要通过智能合约，将数据要素的用益物权（数据的使用收益权而不是数据的所有权）通过特定的数据使用智能合约来可编程实现，既保护了数据的隐私权和所有权，又能够满足数据需求方的需求以及数据用益物权的创造价值。

对于数据资产的治理、上链和使用智能合约等，需要有数据钱包，或者数字钱包里扩展数据要素功能成为数据钱包，从而实现对数据的治理、加密、确权、上链以及数据使用智能合约执行等功能，成为一个数据资产的智能合约轻节点。

产业数据需要与传统的交易中心、交易所或者商品价格指数等进行标准化和数字化的融合，并通过分布式机制或共识算法来进行升级，甚至让更多的产业交易环节参与进来，产生无许可、去中心化的产业价格数据作为区块链的数据预测机制（预言机），为数字资产定价或者智能合约清算等提供基准。

九、市场端

相对于传统产业交易市场的多样化，产业区块链的交易市场也是多样化的。传统产业，有标准的场内交易比如期货交易所、标准的现货交易中心，也有监管下的各类资产交易中心等，还有很多产业自发的交易市场、批发市场，以及基于部分自发市场基础上的电子投资交易中心（俗称电子盘）。这充分体现了产业从业者和投资者的基数庞大和需求多样化。

链上的市场也是多样化的，有中心化的场内交易所，有场外 OTC 市场，也有去中心化的交易所，有受证券监管的 STO 交易所，还有丰富的场外市场、AMM 流动性市场等。市场的目的主要有两个，一个是交易或交换，一个是流动性。

与数字货币交易所有着迥然不同的是，数字资产交易所才是法定体系愿意监管认可的标准场内交易所，在国家区块链战略的发展下很快就会有规管的数字资产交易所，主要交易有实物资产支持或锚定实体经济的数字资产，通过人民币或数字人民币 DCEP 来进行交易。这将给实体经济带来客观的增量流动性。

STO 交易所是目前法定世界与加密数字世界的妥协产物，法定世界用证券监管的体系来对符合合规要求的数字资产冠名为证券类数字资产，并允许在有 ATS 牌照的另类交易所（与期货交易所、证券交易所有区别，另类即非标准交易所）进行交易，并有私募和锁仓、合格投资人等的证券类投资监管要求。虽然 STO 交易所受限于规管，流动性有一定局限性，但至少是目前合规的融资和流动性方式，而且对于促进传统产业加快数字化和资产化非常关键。

加密数字世界有自己的原生市场，即DEX（去中心化交易所），不需要托管到一个中心化的场内交易市场，而是直接基于数字钱包和数字资产地址，分布式参与到交易和交换中，虽然基于分布式区块链的效率比较低，不及中心化交易所的高效，但是其非托管、点对点、去中心化的意义至关重要。

区块链基于点对点的特点，除了在分布式网络的头小牛，在市场上也有充分的体现。每个拥有数字资产的区块链地址，通过区块链钱包的内置功能，就可以参与到交换中，这就是基于区块链地址和私钥等区块链技术，通过钱包直接进行的场外OTC点对点交易市场。

在开放金融中还有一种特殊的流动性市场或兑换池，基于交易对手的自动做市商市场，通过特定的函数算法，实现数字资产的自动流动性，这对于产业数字资产的运营是一个可以尝试的创新模式。

产业区块链的市场模式，不只是建立数字资产交易所这么简单，而是用区块链把有金融属性的基础资产上链，形成产业的数字资产；把传统的电子交易和现货交易，上链升级为数字资产交易；然后把实物资产的仓单、交易收益等，可以上链结构化，资产证券化或者信托模式为STO类数字资产；还可以基于这些数字资产的未来预期收益或风险敞口，进行场外衍生品市场合约交易和AMM自动做市。

十、社区端

传统产业的投资市场，都是通过线下的沟通会、发布会、品牌宣讲会等方式进行投资者教育；后来在移动互联网模式的推动下，投资者教育也开始采用线上视频、远程会议甚至直播等方式。在区块链的加密数字世界里，投资者不仅仅是教育，而是参与到区块链的建设中，它更强调参与社区、参与治理、参与投票决策。

每一个产业区块链在社区方面，要打造属于自己的核心IP数字资产，把内在的能量场和内生价值挖掘出来，形成产业的核心链上原生数字资产，这种IP相当于是共识，影响更多的参与者形成共振，缔结为有信仰和粉丝的社区，最终形成产业区块链的能量波去辐射和影响产业。

基于区块链的优势打造的社区，可以将实物资产的消费者转化为数字资产的投资者，将产业的用户转化为产业的股东，将中心化的决策转化为社区参与的投票决策，通过Token进行新的激励机制和分配，通过节点和场景进行新的运营和推广，这些都是传统产业不敢想象的创新模式，模糊了产业的用户、消费者、投资人和从业者的传统角色，而是升维到新的产业资产化的高度上形成了一致性共识：让产业资产升值！

产业区块链的流量，一部分来自传统产业的参与者和关注者，一部分来自数字资产的关注者，尤其是对产业数字资产感兴趣的投资者。这些流量将会在产业数字 IP 的能量场影响下产生共振，形成的共识将影响更多的人参与进来，而区块链的分布式账本、节点网络和 Token 激励将会促进这个产业生态更加良性循环发展。

传统产业习惯了中心化的决策和发展模式，即使是产业链也习惯有龙头企业或者核心企业，但把决策逐渐让渡给消费者或者投资人，这是个非常好的创新角度，会破解很多中心化发展模式的天花板和瓶颈。通过消费者或投资人或者参与者形成的社区，实现部分自治，通过链上的公开公平透明的投票治理，是值得尝试的。

比如，Maker DAO 通过社区 MKR Token 持有者投票进行质押资产的决策以及预算、开发等的运营决策，面向 MKR Token 持有者开放友好便捷的投票治理的交互页面。在 Maker DAO 的社区中，早期使用者、Dai 爱好者、开发人员、Maker 基金会成员、MKR 持有者、看护人以及其他参与者都是 Maker DAO 不可或缺的一部分，如果没有整个社区的合作与治理，Dai 和 Maker 将无法运行。再比如以太坊区块链的社区，主网运行起来后，创始人和核心开发团队都不能控制或者停止以太主网的运行，社区治理让运行中的主网有了持续的生命力。

十一、安全端

产业区块链需要特别注意安全问题，虽然很多企业在进行区块链建设时会选择许可链或联盟链，但从产业区块链的角度还是选择公链更适合。在产业区块链建设中，需要从安全可控角度，从区块链基础平台安全、链码安全、钱包安全、区块链网络的通信安全、链上数据安全等多个方面加强安全系统与管理措施的全方位保障能力，为产业的数字资产与交易等产业核心运营，在信息安全、数据安全、资产安全以及国家安全方面提供重要技术支撑作用。

国内企业尤其是国企的区块链建设会要求符合国标邀请和国密算法。围绕密码算法方面，国家标准规范提出：分布式账本系统所使用的具体密码算法应符合 GB/T 32905—2016、GB/T 32907—2016、GB/T 32918—2016 等相关国家规范以及 GM/T 0006—2012、GM/T 0009—2012、GM/T 0010—2012、GM/T 0015—2012、GM/T 0044－2016 等相关行业规范。国密规范则主要是对 SM2 椭圆曲线公钥密码算法、SM3 密码杂凑算法、SM4 分组密码算法、SM9 标识密码算法的相关规定。

区块链的代码安全要通过专业的代码审计公司进行安全审计，第三方的安全公司，会针对一些特定方向进行审计：区块链所使用的的开发语言特性及其已知漏洞，区块链的底层实现涉及的加密、数列等，区块链的基本功能—区块、交易、协议等，区块链的核心逻辑—验证、生成区块、交易、投票等，钱包功能，区块链的共识算法、经济模型的合理性，其他同类区块链的漏洞等。

由于产业区块链的数字资产和交易等都会基于智能合约实现，因此对智能合约的审计也非常关键。第三方安全公司一般会对智能合约进行几大类审计：溢出、条件竞争、权限、安全设计等的审计，安全编译即函数返回调用安全即拒绝服务等的审计，Gas 优化、设计逻辑、"假充值"漏洞以及恶意 Event 事件日志等审计，确保智能合约的代码级自动执行的安全。

十二、合规端

产业区块链如果基于无许可公链部署，由于无国界、无准入，所以需要加强监管和合规。从监管的角度来看，完全可以不用担心公链容易不合规，而是充分利用区块链的分布式、不可篡改和节点网络、智能合约等特点，用区块链并结合大数据、人工智能等科技手段来监管产业区块链。

中国目前围绕区块链方面的政策法规有：2017 年央行等七部门发布的《关于防范代币发行融资风险的公告》、2019 年 10 月中央政治局学习区块链成为国家战略、2020 年 4 月国家发改委发布新基建计划区块链列为新技术基础设施等。

美国的华尔街和硅谷在区块链和数字货币方面比较超前，因此美国对区块链的监管是全方位的。关注监管方面的政府机构有证券交易委员会、商品期货交易委员会、国会、财政部、司法部、国家税务局、联邦选举委员会、联邦贸易委员会、政府伦理署等，监管话题集中在消费者保护、监管范围、监管职责、反欺诈、反洗钱、ICO 监管、无牌经营、创新保护、交易所监管、纳税、市场操纵等；而对区块链相关话题进行影响评估的政府机构有美联储、国会、财政部、商品期货交易委员会、证券委员会，影响评估话题包括技术调查、支付影响、经济影响、央行数字货币、银行业、保险业、数字资产存托、金融创新能力等。

2020 年 1 月，新加坡发布《支付服务法案》（*Payment Services Act*），是首个针对企业从事从比特币和以太坊等数字支付类数字货币交易等活动的综合性监管规定，并赋予新加坡金融管理局（MAS）正式的监管权力，监管网络安全风险，并控制洗钱和恐怖主义融资活动。

2017 年 4 月，日本实施《支付服务法》正式承认虚拟货币为合法支付手段并为虚拟货币交易所提供法律保障，同时引进登记制度，监管从事比特币等数字资产交易的平台；2017 年公布《资金结算法施行令》和《虚拟货币交换业者内阁府令》，对资金转移、资金清算、认证从业者协会、纷争解决等有十分详尽的规定。作为金融行业的行政主管机关，日本金融厅亦适时发布若干指导意见或解释，指导适用相关法律。日本虽然允许虚拟货币交易，但监管体系很严格。

2018 年 10 月，中国香港颁布了虚拟资产管理公司和虚拟货币投资基金的监管标准，基于《证券及期货条例》的 1 号牌和 9 号牌进行持牌经营；2019 年 10 月颁布了虚拟资产交易平台的监管框架，对 STO 虚拟资产可以基于 7 号牌进行沙盒申请和持牌经营。

除了法定体系内的合规监管，还有链上的合规服务。即使是无许可公链、去中心化和无准入等特点，也存在与监管匹配的合规服务。其中，以太坊企业 ConsenSys 推出一项 Codefi Compliance 的合规服务，帮助交易所和去中心化金融（DeFi）项目方分析有关 28 万种以太坊代币的交易活动，包括符合 ERC – 20、ERC – 721、ERC – 179 以及 ERC – 777 标准的代币。该工具主要协助区块链自动遵循 KYC 准则，以确保反洗钱（AML）和反恐怖主义融资（CFT）合规性。

在 KYC 合规方面，美国金融犯罪执法网络局会负责监督客户尽职调查规则，任何处理现金、证券、商品、共同基金的机构必须使用驾照、护照或其他政府签发的带照片的身份证件来识别其客户，同时还必须创建"客户风险状况"并"上报可疑交易"。而欧盟的第五项反洗钱指令已经生效，金融行动特别工作组（FATF）的"旅行规则"也将全面实施。

第五节　产业区块链场景

产业区块链的核心在于挖掘产业的内生价值，增加产业数字资产的流动性。因此产业区块链的生态场景落地非常关键，在区块链战略中提到的五大场景：物联网、智能制造、供应链管理、数字资产交易和数字金融，还有App的产业场景，将组成产业区块链的落地应用和产业创新。

一、物联网

1. 场景要点

基于物联网的万物互联、数据通信的特点，实现万物上链。

从芯片传感器层级实现实物数据加密上链成为原生数据资产。

基于芯片、纳米、喷码等物联网技术实现与区块链相结合的全能产品编码。

与链上区块链加密相结合的防伪溯源的物联网唯一符号或全息数字码。

从传感和人工智能结合实现数据预测作为链上的数据预言机。

通过全方位的传感器对实体产品进行虚拟化模型并上链数字化。

基于物联网实现设备生命周期和运维的数字资产化。

从物联网角度转变设备为产业区块链的矿机或节点。

2. 场景事例

农产品种植周期内通过智慧农业的传感器实现成长的原生数据上链，实现动态的数字化，并可以将农产品的底层资产穿透进行实时互动与可视化，最终形成防伪溯源的唯一物联网码，扫码透明化链上数据和溯源全种植周期，从而构建农产品数字资产的基础设施能力。

工业智能设备通过物联网芯片和传感器，将设备转化为智能制造体系中的"矿机"并资产化，实时操作和运维数据上链，生成虚拟化模型，智能设备成为资产化的矿机后，传统的设备购买可以转化为数字资产租赁和链上运维，并可以基于模型实现实时全方位的智能制造激励。

二、智能制造

1. 场景要点

基于区块链的产品全生命周期管理和品质控制管理。

通过加密二维码、分布式账本及数字资产化实现的零部件区块链。

产品、材料、设计和模型的数字资产化和虚拟化，实现链上的协同制造。

智能制造的信息流上链，充分进行信息交换、数据交换。

产能的数字资产化和跨地域分布式节点网络，实现产能"需求—生产"的共享池。

区块链主网模式对工业云的替代。

基于区块链的无许可、无准入的 DIY 协同，实现多品种、小批量的定制化需求。

智能制造知识和 IP 产权专利的资产化。

2. 场景事例

大型制造产业，通过分布式账本和加密二维码构建零部件区块链，实现零部件的数字化采供网络、维修网点、供应链、验证与结算，零部件的数字化、资产化和链上 BOM 模型，实现分布式的产业链、供应商、供应链，并链上资产化和透明化维修单、零部件仓库、备件储量、维修工程师工时等。

工业智能制造平台，产能排程、物料供应、设计等数字化和资产化，链上实现产业协同的共识与智能合约，实现 DIY 定制生产的价值、数据、流转、清算的一致性和代码合约化，满足在共识和分布式账本上的多品种、小批量的定制撮合，并能够实现无法币和无许可的产业链支付。

三、供应链管理

1. 场景要点

基于上下游供应关系的产业信用共享与产业稳定币。

供应链的仓储、配送、物流的自动化协同。

跨节点、跨系统的产业数据安全账本。

供应链票证的上链确权与数字资产化的分隔、转让、流通与结现。

供应链运力比如集装箱、仓位等的资产化。

跨产业链的供应链区块链主网与供应链云。

2. 场景事例

国际航运供应链通过物联网、传感器、全球定位、温控或光感设备以及区块链等技术，实现船舶与集装箱的实时状态管控和仓位可视化，进一步实现全球航运运力资产化，从基础的船运仓位、标的货物状态到仓单提单及运输票据、票证的数字资产化，从而使分布式的航运节点：托运人、航运公司、货代、海关、承运人、港口码头、货主等实现链上可信数据交互、跨境实时结算，以及供应链金融、数字航运保险等跨链数字业务。

基于无许可公链实现跨产业链的供应链金融，在跨核心企业的开放产业链上实现供应链金融的共识和智能合约，将不同核心企业的确权和银行的授信转化为产业链上开放透明、交叉认可的数字资产化，通过资产化协议实现产业链配套上下游企业的数字信用，并实现流通、交换、交易，最终实现产业链的跨链数字资产化和产业稳定币。

四、数字资产交易

1. 场景要点

实物资产支撑的链上通证化的数字资产。

数据要素资产的使用场景智能合约。

实物数字资产的场外 OTC 与点对点市场。

开放金融扩展链上的实物数字资产衍生品市场。

数字资产的赎回和现货兑付的区块链实现。

实物资产支撑的链上数字资产与 DCEP 的配合。

2. 场景事例

产业数字资产交易将从产业资产的数字化和资产化，基于金融科技或沙盒监管，实现产业数字资产化和发行，通过实物数字资产进一步衍生链上的原生产业数字资产，经中心化的数字资产交易或分布式的开放金融进行流通、流动，并设立具有产业特性的数字资产赎回和实物资产兑付的链上机制，最终与 DCEP 相结合。

分布式开放金融市场，以资产通证化的数字资产为基础，通过分布式开放金融的 DEX、AMM 等方式实现去中心化的分布式、点对点或场外交易及做市商，作为产业交易市场和持牌规管中心化数字资产交易市场的有效补充。

五、数字金融

1. 场景要点

传统金融产品基于 DLT 和区块链的数字化

传统金融产品基于区块链的通证化。

数字法定货币（DCEP）和数字稳定币。

支持数字资产和数字金融的智能钱包。

去中心化、无许可、无准入的开放金融（DeFi）。

开放、创新、协同的数字金融主网平台。

2. 场景事例

配合央行数字人民币 DCEP 框架，探索产业数字资产在 DCEP 的基础上实现分布式、开放式的资产通证化、抵押借贷、流动性、数字基金投资、数字保险等数字金融业务，通过区块链和开放金融的模式实现产业链上灵活组合和产业自我治理（DAO），为产业数字经济提供多样化的流动性。

设计产业数字资产协议和合成资产协议，围绕产业实体资部署链上产业治理，并通过产业分布式账本、应用场景 DApp/智能数字钱包、产业云（产业互联网）等分层组合构建产业主网架构，实现 DCEP 在产业链内的落地，并落地各种创新的数字金融场景。

六、品牌资产化

1. 场景要点

品牌特许授权的上链确权和现金回报资产通证化。

品牌资产与感知价值的品牌通证。

广告媒介资源和市场输入活动的数字化和数字资产化。

品牌营销投放及市场输出、受众覆盖、流量和口碑的上链透明化。

基于净现金回报价值的品牌价值资产证券化。

品牌资产的资产通证化。

2. 场景事例

数字品牌，打造 IP 品牌及数字社群社区，实现数字品牌的特许授权模式的资产证券化，将品牌感知价值和消费者心智数字资产化，并建立品牌投放、市场输入输出、消费者流量口碑的数字化链上平台，通过品牌通证（类积分）进行开放式激励和平台结算。

品牌资产化，将品牌营销的广告投放资源、市场流量资源等资产化，将品牌价值的销售增量收入回报、消费者增量口碑感知、企业股权中的品牌市值等资产化，通过品牌资产化协议，中小企业可以通过品牌股权资产与广告投放资产或市场流量资产进行交易、交换或投资，实现产业的品牌资产流动性。

七、资产流动性

1. 场景要点

高价值、低流动性的资产链上资产通证化。

区块链的无准入、去中介、可货币化、可互通性。

数字资产可穿透底层资产并基于智能合约实时清分。

基于 Token 的可分隔、可组合性实现细分产品的流动性。

全球化、7×24 小时、新的数字经济居民。

新的链上交易市场比如 DEX、ST、场外 OTC 和 AMM 等。

开放金融 DeFi 基于超额抵押借贷和流动性收益的流动性。

基于 Token 互通性实现的债、股、产权以及使用权等的以物易物。

2. 场景事例

为产业滞动资产增加流动性,通过可分割、可组合和可互通、可穿透等区块链特性,实现产业资产数字化和资产化后的流动性,并通过全球化、7×24 小时的新数字资产交易市场和流动性收益市场,增强全球化的资产交易和流通。

八、关系资产化

1. 场景要点

社会资本和人脉关系的数字资产化。

社交关系传播链的上链及可回溯、可透明化。

关系传播的裂变场景转化为流动性机制。

人脉关系传播中推荐的智能连接与 Token 流转。

社会资本的关系共享池。

2. 场景事例

传播链的关系资产化,以口碑和视频传播的社交关系传播路径和节点为基础,基于传播路径数据实现关系可视化和资产化,通过关系资产通证进行激励,并通过关系资共享池实现二次分配和流动性收益。

以爆款商品的智能连接为基础,通过社交关系传播实现的智能连接推荐、裂变、点击到转化等连接传播路径和连接转化状态的数字化和资产化,并实现分布式的转化激励和个人价值发现,通过"智能连接 + 智能钱包"的组合场景促进爆款商品的裂变转化率和关系传播的流动性激励。

九、人力资产化

1. 场景要点

个人能力货币化与资产化。

工作底层数据上链绩效实时清分日薪模式。

个体的人力资本数字资产化。

链上开放式协同任务赏金。

合伙人节点模式的小微经营体。

人力资产的预期收益的投资产品和共享池。

2. 场景事例

去中心化的导购、促销的人力资产化，基于区块链和数字资产化，预发行个人能力数字资产与企业的销售目标进行撮合，跨企业和跨聘任周期的个人销售能力通过底层销售工作数据实现货币化和资产化，实现社群进化、实时激励和日薪模式，以赏金形式开放跨企业的共享销售任务，打造个人销售能力资产的共享池。

个人或最小销售经营单元体，基于人力资本区块链发行基于销售人力资产的数字债券，或者发行人力资产的信托投资产品，吸引更多的产业投资人或从业者参与到人力资产的投资或入股中，加持和分享人力资本的未来预期收益，改变中心化的绩效考核激励，转化为投资和共同分享。

十、积分资产化

1. 场景要点

负债型资产积分的债转股通证化。

分布式账本的跨商家、跨品牌的通用积分 Token 和稳定币。

基于 DAO 和 Token Fund 的会员投资基金与运营。

会员忠诚计划的积分资产通证化。

会员忠诚计划的卡资产通证化。

会员忠诚计划的规则和激励的智能合约代码化。

会员生命周期价值的资产化和流动性收益。

基于聚合器模式实现分布式的跨品牌会员积分的流动性激励。

2. 场景事例

会员积分通证，将消费激励的负债型积分转化为流动性的收益股，将会员的 CLV 价值和会员卡（VIP 身份）资产通证化，积分通证是会员任务赏金、参与流动性激励、会员专享商品兑付的凭证，VIP 通证是限量发行的贵宾服务凭证—NFT 令牌，开放的资产池和权益池，预售、限量、消费、流动性收益、CLV 价值投资对赌、分红分润、会员开放社区等场景。

基于 DAO 和 Token Fund 的会员社区合作基金与运营，会员社区自治，持有 Token 进行投票参与决策，社区成员授权会员的资产和价值到会员社区合作基金，共有的资产和价值可以转化为品牌企业的股权份额委托管理，同时会员社区合作基金总资产池的份额也可以资产化为忠诚共同指数，社区成员进行投资和交易，也面向更多的品牌企业赞助和投资。

十一、DAO 社区

1. 场景要点

去中心化的 DAO 社区，权力下放、透明化、代码化。

链上同股同权，通过 Token 投票决策治理。

非营利性组织的自我治理与预算、基金的链上共同管理。

会员社区、业主委员会、合伙事务所等局部自治组织的链上实践。

DAO 的赏金、仲裁和见证者模式实现分布式协同。

2. 场景事例

去中心化的产业自治组织，尤其是产业联盟，实现同股同权的自治、分布式协同，投票治理，激励算法规则，体现每一个参与者的经济利益和投票决策权，充分调动各方积极性，实现有效的分布式协同生产和产业共享自治网络。

针对局部组织：物业社区业主自治、会员社区、NGO 非营利性组织、合伙人事务所等产业场景，打造开放的自治、共治社区，没有中心化管控，一股一票，投票决策、提案治理、预算多签、见证人仲裁、任务赏金等去中心化自治。

十二、商品溯源

1. 场景要点

商品产地和原生数据上链的品控溯源。

加密技术和 ERC 协议支持的区块链二维码。

物联网技术和区块链标准协议支持的映射 NFT。

商品全生命周期的流转溯源。

2. 场景事例

农产品原产地溯源，基于物联网等技术实现农产品原产地的原生数据上链，尤其是生长周期的品控数据，核心品质特征可视化和图像识别，生物识别器、电子托盘和自动流水线、自动分拣设备等相结合实现原产地数字信用配额下的区块链二维码，全生命周期的参与节点通过 DApp 扫码、设备上链等实现农产品的区块链二维码流转溯源，最终在消费者扫码反馈评价中闭环，并实现数据贡献资产化。

十三、数据要素

1. 场景要点

数据要素的数字化、数据治理、资产确权和资产通证化。

数据工厂区块链，实现原生数据上链、标准化、确权、资产化和使用。

数据用益物权的智能合约。

数据资产交易合约。

实现个人数据资产化和流转使用的数据钱包。

2. 场景事例

个人数据钱包，实现数字化的个人画像，并可以链上对个人隐私数据进行资产化，确权个人的数据资产和主动参与数据贡献，进行授权和流通，并从数据工厂或者授权数据资产后的机构获得数据资产的收益，同时作为数据交互和数字资产到达的渠道，实现与更多数字资产的互换和流通。

数据资产智能合约交易，主数据处理后上链的数据资产，进入数据资产工厂的画像处理，经当事人个人确权后进行资产化和托管，基于数据资产用益权的智能合约进行数据使用权的撮合交易，并通过区块链平台实现数据资产使用交付及二次使用。

十四、加密零售

1. 场景要点

品牌价值注入商品的预售、限购、优先权等通证化为加密数字券。

品牌 IP 的链上数字资产与加密繁殖、养成游戏等场景生态。

NFT 数字资产与加密商品的映射场景。

预售、限购、推荐等加密零售智能合约。

基于数字资产、智能合约和 DEX 等的加密商城。

链上原生资产向链下衍生的加密商品。

2. 场景事例

NFT 加密零售，将 IP 和品牌价值链上生成 NFT 数字资产，将预售权、提货权、分红权等资产化为加密数字券，结合品牌故事和养成游戏场景，实现预售、抢购、竞拍等加密商城以及 DEX、AMM 的流通市场，促成热卖抢购炒作的流动性，通过智能合约实时分红；同时下链映射为数字文创衍生品（3D 打印等）或实物数字资产（唯一性溯源），同时可以选择实物兑付，与新零售衔接。

第六节　产业数字资产

一、数字资产发行

前面章节已经针对数字资产进行了详细阐述，说明了产业数字资产是产业区块链的基础。我们在不断强调产业区块链不是将传统的业务（链下）去上链，成为一个新的在链上的传统产业，而是在初始就要建立全新的、高维的数字资产体系。因此产业数字资产一定要先寻找产业的核心的内生价值，再建立有内生价值能量场的数字资产，然后再开始衍生投射。

这种衍生投射到链下形成可以流动和融资的数字资产的过程，实际上就是数字资产发行。数字资产的发行，不仅是将加密能量场的共识在链下的传统产业进行共振，也是将数字资产与传统金融市场进行融合，通过数字资产的发行和推动带动更多的链下资产参与到共识共振中，在传统的合规体系中不断参与到数字资产的发行、交易和融资过程中，最终融入新的加密共识和数字资产体系中。

数字资产的发行流程，适应传统金融规管，包括数字资产的认证、评估、审计、鉴定、保险、信用评级等，然后通过 SPV 结构化链上发行，并进入数字资产的交易和流动性市场，最终兑付数字资产的收益权益。但如果是去中心化、无监管，会以开放金融的模式展开。

数字资产的发行优势对比传统资产非常明显：有真实的资产价值支撑、虚拟资产的安全合规，低成本，全球流通，7×24 小时交易，小额分隔，流动性，面向全球投资者。

二、加密资产股票

对标传统产业的金融市场，产业发行数字资产就类似于发行了一支数字资产股票，它有自己的标的资产，有基于链上的收益模型，有在数字资产交易市场中的数字股票代码和流动性市场，也有投资人的场外 OTC 甚至衍生品，还可以基于链上的数字钱包实现资产穿透，也会有基于数字 IP 和共识的预期，通过持有的数字股票来投票治理和参与分红，甚至也可以质押获得新的流动性。

既然类似数字资产股票，就需要有数字资产的运营和市值管理。对品牌和 IP 的持续打造和宣传，不断的利好消息和预期看涨，并通过持续的分红或者回购带动 Token 的升值，对发行的通缩或通胀模型进行合理的设计，并加强交易所之外的流动性市场和基于数字钱包的 OTC 市场。

在数字资产与实物资产的映射上，可以通过 Token 实现数字资产股票的可转权益，进行赎回动作，将股票权益转为相对应的实物资产，从而让数字资产股票的支撑价值更务实，而且还带动实物资产的流动性，从而反馈到数字资产的收益上。

同样，数字资产股票也存在一级市场，在发行初始或之前就可以引入种子投资者或者战略投资者，成为产业区块链的节点以及数字资产的投资人，从而获得数字资产发行上交易市场后的溢价空间。

三、产业资产

传统产业的数字资产核心是自己的内生价值，打造自己的数字 IP 成为原生数字资产，再投射到链下的资产中。在产业的传统资产中，有大量带有金融属性的资产，适合转化为承载原生数字资产投射的数字资产。

从内生价值的能量入手，最直接的是产业的 IP 和知识产权，无论是品牌 IP 还是知识产权、专利等，都是可以不断内生大量价值的能量资产，因此如何将其转化为链上的原生数字资产，通过协议和算法，再衍生投射为链下的数字资产，是非常关键的。

大宗商品和贵金属是与金融市场最紧密的资产。贵金属尤其是黄金是价值最高的硬通货资产，而大宗商品的石油、天然气和农产品是战略意义最高的长期稳定性资产，在传统产业中这两类资产是金融市场的主力，其定价、交易和衍生品已经非常成熟和多样化。但是在加密世界里，不会是"加密黄金"那样简单，产业数字经济会将共识和协议投射到贵金属和大宗商品上。

不动产是规模比较大的资产，在传统经济中占比最高，全球近 200 万亿美元，远高于贵金属或大宗商品。虽然不动产是传统金融中普遍认可的可抵押资产，但不动产与加密世界的结合不会只是证券化通证（STO）那样简单。

文化艺术品的金融属性毋庸多言，传统金融市场中对于文化艺术收藏的流动性是又爱又恨，溯源鉴伪是永久的话题。但是在加密世界里面，已经有基于 NFT 的原生数字艺术品，同时投射到链下已有的艺术品或份额，这些不同的文化艺术品数字资产将会带来一个新的数字资产流动性。

农产品作为人类生活必需品，金融属性也是非常典型。其中，类似大豆、棉花、玉米等作为大宗商品，需求稳定、波动平稳，成为稳健型机构资金的首选。另外，类似粮食或水果酿造的酒（葡萄酒、威士忌、酱香酒等），原产地放牧的牛羊，越陈越有价值的云南普洱茶/福建白茶、广东新会陈皮，等等，都是有持续升值投资空间的资产。

随着健康和养生成为消费者最关心的，养老产业成为非常关键的 IP。围绕这一类产业，可能会有不动产，可能会有农产品，可能会有服务，等等。当加密世界里创造了有内生价值的数字能量后，就可以在产业数字资产里面进行全面的投射落地。

大部分企业关心的营销端数字化，会集中在新零售的 IP 上进行升维。对消费者，对导购，对员工以及对社区流量的关系网络进行升级，投射为链上的数字资产，实现货币化和流动性，这也是一种新零售的数字资产。

第七节　产业交易市场

一、ATS 交易市场

ATS（Alternative Trading System），即替代性交易系统或另类交易系统的英文简写，该系统是美国证监会颁发的证券交易牌照，持有 ATS 牌照的交易所可以合法交易证券类通证。一般是指交易所之外的电子化网络，自动配对撮合成交的交易平台，美国证监会统称之为另类交易系统。另类交易所为证券市场提供了额外流动性，一部分基于电子通信网络（ECN，Electronic Communication Network）作为电子交易系统，能将限价买单和卖单在系统中自动配对并撮合成交；一部分基于暗池（Dark Pool），在公开市场外匿名执行大额交易，比如高盛的 Sigma X、摩根士丹利的 MSPool 和瑞银的 PIN 自动交易系统等黑池交易平台。

所有的 STO 交易所都申请了 ATS 另类交易所牌照，甚至部分数字货币交易所也都申请了 ATS 另类交易所牌照，同时申请获得券商（broker – dealer）资质、货币服务（Mone Service）资质等，从而既可以交易数字货币，又可以交易证券类通证。这实际上是表达了传统监管对数字货币或数字资产的态度，正宗的场内标准化交易所还是传统的证券交易所、期货交易所等，数字货币交易所还只能算是替代性或另类交易所，补充和替代品。

ATS 另类交易所只是目前的过渡模式，数字资产交易所的定位和规划还在不断完善中，所以围绕数字资产交易的相关合规、牌照等还没有完全建立，尤其是在开放区块链上的数字资产，其交易是向下适应传统合规监管还是向上基于无许可无准入公开透明的共识，需要创新突破。

二、数字资产交易所

数字资产交易所的原生方向是基于无许可公链的公开、透明、无准入、无信任的前提，建立中心化或去中心化的数字资产交换或交易平台，甚至通过非交易平台的方式，比如分布式数字钱包、DeFi 开放金融等实现数字资产的交换、交易和交付；合规方向是基于金融证券监管合规的要求，在传统交易所框架体系内，建立中心化的数字资产交易平台，数字资产的审计发行和交易都受传统金融法规条例规管，并加强 KYC、AML 以及沙盒的监管。

产业区块链的底层公链架构会直接影响产业数字资产交易所的设计，区块链架构是联盟链的，节点和用户是需要验证并有权限的；区块链架构是许可链的，也是有节点投票或者超级节点；区块链架构是无许可公链的，则是无准入、无门槛的，数字资产可以在中心化交易，也可以在去中心化交易或交换。

数字资产的类型和范围也会影响产业数字资产交易所的设计，比如是链上的纯原生货币资产，还是原生数字资产，或者是投射到链下实物支撑的数字资产？投射的数字资产是实物资产还是实物资产的衍生品合成？因为数字资产类型不同，交易和交换的方式也有所不同。

中心化 CEX 和去中心化 DEX 直接决定了产业数字资产交易所的设计分享。中心化交易所需要有中心化的用户管理，比如账户体系、实名认证、资产充值、资产托管、撮合交易、资产清算、资产兑换等业务，数字资产充入交易所账户，交易所提供流动性，并进行撮合交易、结算等流程，但是交易数据不上链；而去中心化交易所，用户对自己的数字资产有绝对的控制权，撮合交易由智能合约来完成，交易的结算等全部在链上完成。

产业数字资产交易还需要关注创新的模式，比如 AMM 自动做市商平台的流动性，智能钱包的场外 OTC 与衍生品，开放金融的数字资产抵押借贷、数字资产的合成资产协议、合成稳定币以及分布式预言机等。

开放金融与数字资产交易的结合，基于链上的数字资产和智能合约以及侧链子链等技术，可以实现更丰富的产业数字资产的金融合约和衍生品，而且会比传统金融市场的期货、期权、组合等衍生品更丰富，也会出现比撮合交易、量化交易、高频交易等更有创新的模式。

三、产业交易市场

传统产业在链下已经有成熟的产业交易市场，有中心化的现货交易中心、期货交易中心或者金融资产交易所，有场外的 OTC、电子盘，也有以互联网电商为主的 B2B 商城、B2C 商城、C2C 商城等，还有积分兑换商城、二手交易商城、竞拍市场等，另外还有基于微商模式的微分销市场。

大部分产业都有成熟的大宗商品类交易中心，相当于现货的电子交易中心，买卖订单的集中竞价、撮合交易、在线结算和实物交收，受限于交易中心的清理整顿，不允许掉期、连续竞价和份额化。大宗商品的现货交易，围绕订单、仓单、物流、金融和数据等展开，部分模式以电子商务为切入点，围绕大宗商品（包括农产品、家产品、金属类、建材类等交易品种）开展专业的 B2B 商业模式。

商品交易中心有严格的审批和监管，因此产业交易市场也存在一部分在产地自发形成的场外点对点交易，即场外 OTC，有时候也称为商品"电子盘"，作为交易中心撮合交易之外的补充，对产地农产品或大宗商品的贸易和交易形成良好的补充，但也受到严格的监管。

文化艺术品的交易市场比较典型，经历了邮币卡文交所的连续竞价和份额化等模式的爆炒，近几年进行了严厉的清理整顿，现在萎缩在现货交易、电子商城和线上拍卖等模式，也有一部分通过专用的数字钱包进行二手买卖和点对点交易。

美容保健医疗食品等行业，会通过微分销模式的微商城进行层级直销，它看起来是直接零售，但实际上代理层级的销售是不需要交收的分销交易合约，因此也是一个特殊类型的产业交易市场，只是激励机制比较特殊，而且有些就全部浓缩在一个融合了钱包功能的主应用程序 App 里面就完全实现。

传统产业还会通过各种商城来进行不同类型的交易，比如兑换商城、积分商城或者卡券商城，这些商城不一定只面向 B2C 零售客户，也会面对代理商或中介批发客户，比如积分可以批量购兑、卡券可以集团定制等，也是交易市场的有效补充。

产业交易市场可以围绕数字资产交易实现多级市场联动，因为链上的数字资产是跨越或者模糊了线上线下或者场内场外的界限，数字资产交易平台可以是持牌的场内标准化交易，类似于 STO 相当于二级市场；也可以通过场外交换市场或者链上智能钱包实现点对点场外交易，相当于场外 OTC 或者三级市场；同时还可以基于金融合约实现数字资产或针对标的资产的场外衍生品交易。通过多样化的交易市场来实现产业数字资产的多级市场联动，可以有效降低交易成本和对冲风险。

汉拓云链针对大宗商品和农产品设计了基于数字资产的加密商城，既有普通商品（链下）的电子商城，又有基于链上的数字资产加密券（投射实物资产的提货权或预售权）的交易市场，同时建立了数字资产加密券的二级市场（竞价买卖）和赎回（实物资产的兑付）等功能，实现了一个简单的数字资产多级市场联动。

第八节　产业数字金融

一、数字金融

对于传统产业，金融的升级迭代似乎一直比较缓慢。产业的数字金融，更多的是"产业互联网+供应链金融",就跟之前的互联网金融一样,它更多地强调产业互联网对传统产业金融的催化和推动,给产业金融披上一层互联网的外衣。而这里的产业数字金融,则基于区块链又进一步迭代升级。

与互联网金融着眼于移动互联网的 C 端用户不太一样的是,产业数字金融更多的是着眼于产业链,依托物联网、区块链、人工智能和大数据等技术,实现让产业链上下游交易原生数据透明化、分布式上链不可篡改、金融产品的底层资产穿透、溯源追踪全息数据以及智能风控实时监控预警等。

产业数字金融基于物联网、区块链、人工智能和大数据等技术,对产业金融基础设施进行了迭代,对业务重点进行了转型比如交易银行业务,对金融工具进行了升级比如电子凭证、供应链票据通证、供应链资产风险敞口等,更关键的是原来的风控开始基于大数据、AI 和区块链的智能合约进行智能控制。

产业发行债券进行融资是常用手段,现在可以进一步基于区块链发行数字债券(Tokenizatized Bond),固定收益类债券可以基于区块链发行并进行份额分隔,通过 Token 作为债券份额凭证,链上记账、智能合约清分。

产业投资基金也可以采取数字基金模式,通过分布式账本记录投资份额和项目标的以及收益等数据,投资人通过 Token 持有投资基金份额,项目投资决策时可以基于 Token 进行投票治理,收益分红通过智能合约进行自动执行,投资份额在退出期之前可以通过 Token 进行 OTC 转让。

产业中的贸易业务,基于物流仓储的仓单和提货单实现底层资产的信息上链,纸质或电子的仓单提货单上链数字化为 ERC–721 的 NFT 类型的数字单据,并基于底层资产数据和数字单据将贸易提货单的智能合约化,能够实现链上的票据资产化和智能合约执行。

产业供应链金融则将应收账款或商票经确权后,在上下游交易数据和底层资产数据上链后,各家银行将风控后的授信额度在链上实现 Token 化,类似于链上额度,可以转让、分隔和贴现,实现产业链内的信用额度流动性。

国际贸易金融从贸易的物流航运到信用证结算等,可以基于运力和货物的 Token 化进行资产化,也可以基于货物发票和信用证进行 Token 化,通过保理、保险等增信方式形成有固定收益的供应链金融产品,并将收益回报敞口Token 化开放给投资者,或者类似供应链金融的 Token 化信用额度进行跨境的转让、分隔、贴现等。

随着数字人民币(DCEP)试点发行,商业银行或私营平台企业参与承销和应用场景，基于区块链和 DCEP 的数字银行将成为可能，基于数字人民币和数字资产、产业 Token 化的信用额度等将组合或衍生出各种数字银行产品和业务。

二、开放金融

开放金融（DeFi）是加密货币炒作的新概念，还是与产业有密切结合的升级版数字金融？最关键的是开放金融的"De"，它代表着去中心、去中介，而且是无须许可、无须准入，基于开源代码的可编程、基于治理 Token 的DAO 治理的开放金融。

传统产业金融是基于中心化的金融机构和风控模型，有门槛、有准入、需要大量的信用评级或者抵押，等等。但是开放金融正在重构产业尤其是中小企业的融资方式，整合金融基础架构也在重构，相当于运行了一套不依赖于传统银行和金融机构的新的开放金融生态系统，它可以重新定义和组合产业的各种资产，通过自动做市商和去中心交易所、分布式智能钱包实现资产的流动性，它通过超额抵押和算法实现去中心化的产业稳定币、点对点借贷以及智能合约式的保险、利息，它可以基于金融合约进一步合成资产及衍生品、以太或 BTC 生态的更高级金融产品，DeFi 已经逐渐要成为传统金融的全球替代方案。

开放金融进行了一次原子级的重构，它将资产和资金从高维进行去中心化的重组，不再分 taker 和 maker，而是分布式可信、开放协同，无准入、无许可，通过借贷抵押套利合约化，一个区块里的重构和组合，铸造算法稳定币，实体资产协议入圈，预言机和场景辅助，DAO 社区治理，创新出一条与传统金融迥然不同的模式。

1. 资产协议

开放金融从 NFT（非同质唯一性 Token）、STO（证券类 Token）和 Synthetic（合成资产）等不同的资产协议来实现与实物资产相关或实物资产支撑的数字资产，进一步进入到借贷协议或自动做市商协议中。DeFi 资产协议是无须许可、无须准入的，不是基于信用，而是通过原生数字资产抵押，或者实物资产通过 SPV 模型隔离投射到数字资产，或通过算法实现资产的净现值或收益头寸、风险敞口的数字资产化，或通过交易对手、质押、保证金等实现点对点的合成资产或衍生品金融合约，即使是中小企业或者个人都可以毫无障碍地参与到分布式数字资产的发行和流动性中。

2. 借贷

产业数字资产进入 DeFi 的资产协议后，可以进一步进入去中心化的借贷协议。通过 DAO 社区投票治理的资产可以在 Maker DAO 通过超额质押和算法借出稳定币 DAI 进入到以太现金流，或者在 compound 质押借贷，基于分布式、点对点的借贷流动性，并通过治理 Token 激励参与流动性的人，从而为企业的资产提供点对点、无准入的流动性。这种 DeFi 借贷的场景对应于传统银行的借贷模式，用户抵押数字资产借出稳定币或法币，抵押数字资产的人越多，借贷平台发展越快越健康。

DeFi 借贷是基于算法进行抵押品与借款余额的运算，并自动进行借贷匹配，而且借款人随时可以提取资金无须到期，从而实现了抵押任何数字资产，都可以通过可替代资产借贷和浮动抵押比例实现点对点的借贷，这相当于是一种去中心化的"万物皆可抵押借贷"，在传统金融市场是无法想象的。

DeFi 借贷基于超额抵押，实现多层套利，并将其合约化，可以进一步进行组合，实现积木金融（Lego Money），甚至在一个 Block 区块里面进行重组和组合。

3. 流动性市场

DeFi 的流动性市场包括两部分：去中心化交易所（DEX）和自动化做市商。在产业所参与的传统金融市场中，场内交易所类似证券交易所、期货交易所、大宗商品交易中心等，都是中心化交易所，属于 CLOB 中心化限价订单薄式交易所；而做市商是通过人工或者量化机器人在中心交易所为产业托管或经纪进行流动性控制。

去中心化交易所（DEX）具有完全去中心化、透明、开放的特点，没有中心化的限价和控制，没有 KYC 的准入门槛，没有中心化的价格操控和造假，数字资产在用户个人的钱包里面，交易记录在透明、不可篡改的链上，这种融合了区块链特性的交易所是数字资产交易的未来模式。而且对于中小企业而言，DEX 是无须审查的发行，你只需要在以太坊上建一个最低燃料费的合约，就可以在 DEX 上发行挂牌一种数字资产做流动性；这比起传统证券交易所或期货交易所、商品交易中心挂牌一支股票或一种资产，既需要无数金融许可，有需要数百位甚至更高的发行费用。

自动化做市商（AMM，Automated Market Maker）替代了传统金融市场做市商，做市商是促进市场中的足够流动性来支持数字资产的活跃交易，传统金融市场的是中心化的机构或专业团队来人工做市，按设置的做市价格进行买入卖出；AMM 是去中心化，通过智能合约代码来自动做市，按特定的函数曲线触发数字资产的交换。虽然 AMM 的恒定乘积算法模式会因为交易量大小而产生滑点，但它也实现了一个价格发现或资产交换的最简单的闭环。

尤其是在无许可、无准入方面，每个人都可以把自己的数字资产交易对放到 AMM 的流动池里面，也成为做市商，可以获得流动性或者交易分红；与 DEX 一样，AMM 也是去中心化、开源的智能合约自动执行，交易数据全部上链，数字资产不需要托管进交易平台还是在个人的钱包。而在传统金融市场，中小企业或者个人是根本没有做"庄"的可能性。

4. 预测市场

DeFi 的预测市场是通过去中心化模式实现的价格数据反馈机制，所有中心化的数据来源或者中心化交易所的价格只是，都可能会伪造、篡改、修改数据或者被攻击、腐败，而预言机被认为是去中心化协议和区块链外部数据之间的桥梁。DeFi 的预言机基于链上分布式的节点网络，检索和选择不同的数据源，并通过治理 Token 进行提供正确数据的激励（奖励和惩罚），以确保数据的可靠性。预言机充分利用了区块链的去中心化和分布式，并通过 Token 激励和节点治理等，最大限度提高价格反馈数据的去中心化程度和可靠性、安全性。

5. 金融合约衍生品

DeFi 的合成资产（synthetics）是可编程的衍生品金融合约，去中心化、无须信任、无须准入，不需要传统金融衍生品中的中介经纪机构，而且通过交易对手、质押、保证金或者风险敞口等设计来开放交易对手风险，从而可以为任何人或企业、任何数据资产通过金融智能合约创建一个庞大的衍生品市场。

与传统金融市场一样，没有门槛、不需要信用的 DeFi 合成资产合约，也可以作为数字资产融资工具，也可以向市场增加流动性，还可以将风险敞口或收益头寸代币化开放给市场参与者。最关键的是，合成衍生品不需要持有实际资产，就可以通过实现实物资产的收益或者风险敞口上链；也可以通过衍生品来交换利润利率和对冲风险敞口等，来扩大市场流动性；还可以通过头寸或敞口的代币化，降低参与门槛，公开、透明的开放给无须准入的中小企业或个体投资者。

6. 数字钱包

DeFi 的数字钱包，除了可以储存和管理任何形式的数字货币或数字化资产，最关键是支持各种 DeFi 的合成资产、流动性市场和借贷等应用场景。对于传统金融市场，基本上是依赖于中心化的银行账户；而数字钱包则颠覆和摆脱了对银行账户的依赖，而是通过一个链上的公开地址以及私钥助记词或者钱包的辅助密码等就可以实现一个未来的新的"银行账户"，成为开放金融的基础设施。

数字钱包是代码开源的，可以支持各种协议的数字资产，用户可以自助管理自己的数字货币和数字资产；也可以支持各种算法和合约支撑的稳定币和证券类 Token（STO）等，不再需要存放到中心化的银行账户，即使是新的数字银行。从一个中心化银行的银行账户，分布到一个去中心化的用户的数字钱包里，这意味着金融的力量正逐步让渡到用户手里，它将会不断促进开放金融的模式和应用场景的创新。

三、数字稳定币

随着数字人民币 DCEP 的试点发行和 Libra 的迭代升级、数字美元计划的推进，也带动了对数字稳定币的关注。对于产业数字金融，数字稳定币是不可或缺的一个话题，从全球最大超市沃尔玛发行的锚定美元的企业稳定币 WMT（Warmart Token），用于采购支付结算和消费者预售与购买等场景；到美国最大银行摩根大通发行的稳定币 JPMCoin，用于机构客户之间的国际支付、实时结算与资金服务等场景。

数字稳定币分两种：一种是锚定法定货币为主，比如 Tether 公司发行的 USDT、沃尔玛发行的 WMT、摩根大通发行的 JPMCoin 等，都是锚定美元；还有一种是锚定数字资产，基于超额质押和动态算法来保持稳定的稳定币，比如 DAI 等，目前主要在 DeFi 生态中流通。

对于产业而言，以前的货币市场主要依托于中心化的央行和银行，而现在的算法数字稳定币为产业金融带来了一个全新的模式：产业数字资产可以通过质押和算法来借出数字稳定币，通过数字稳定币可以转化为法定货币，或者进入链上的产业流动性市场，建立无许可、无准入的流动性池，颠覆性降低了在传统金融市场中的资金成本和摩擦成本。

企业的数字稳定币会围绕企业上下游的支付结算和积分激励等，类似一个支付稳定币或者积分稳定币，对应有共识的企业能量值或积分/工分等；产业的数字稳定币会着眼于产业，基于产业的共识，围绕产业链的支付、结算或者供应链平台，对应的授信额度、电子额度或算法的平台币，锚定法定货币，或者锚定产业实物资产的数字化资产（黄金、法币、贵金属或能源矿产等大宗商品的数字资产）或篮子组合，并通过产业链参与各方形成的节点网络达成分布式账本和一致性共识。

从产业可以继续扩展到区域，比如"一带一路"数字稳定币，锚定真实资产储备，主要组合"一带一路"的法币、跨境贸易和采购中的主流大宗商品储备，或者以数字人民币 DCEP 和大宗商品的权重为主生成数字稳定币。"一带一路"数字稳定币可以随时兑换为"一带一路"国家的当地法币，快速支付和转账，简单便捷的跨境资金，安全经济的管理数字资产，并与贸易票证、海外资产投资、离岸资产托管等进行深度结合。

第五章

产业数字经济

产业数字经济不是简单的产业互联网或者产业数字化转型，而是一张链上线上线下的大网，融合了产业数字化、产业互联网、数字资产、产业区块链、数字金融等各个创新业务而成。

第一节　产业主网理论

一、框架背景

1. 价差模式与内生价值

传统产业经济，实际上相当于是一个三维的经济体，从经济价值角度可以分为客单价、消费频率和交易戳（时间＋位置）三个维度，每一个经济行为、每一笔交易订单都是在这个三维经济空间中不断发生、转换和结束。

在这个三维空间中，大部分传统企业赚的都是价差模式，是成本与销售之间的价差。然而在移动互联网烧钱补贴和价格战、网红直播短视频的流量变现、智能工业大制造趋势等面前，很大一部分传统产业都进入微利时代，甚至很多徘徊在微利边缘的企业已经在新冠肺炎疫情的非常时期中倒闭。传统的成本－利润的价差模式，在这样一个微利或负利环境下，是不可能解决可持续性发展和生存问题的，要去寻找企业的内生价值，去企业的"灵魂"深处寻找那种不依赖于成本和销售的价差，而且自带光环、能量，能够内在不断生发价值的东西。这种内生价值，与品牌有一点像，与IP有一点像，但又有区别和升级，因为把它放在同一个三维经济空间里分析的时候，总是跳不出价差价值模式的影响。

　　如果从品牌和IP的角度来分析内生价值可能更容易理解。同样的一个包包，打上LV品牌就是几万元的价格，没有品牌就是几百、几千的价格，几十倍甚至上百倍的差距，这也是内生价值。同样的一双鞋，因为是联名版、签名款，限量发售，会引起粉丝排队抢购，转手就是几倍的价格，还被收藏而不是来穿用，这也是内生价值。因为品牌，因为品牌背后的 IP 和信仰认知，会不受限于成本与毛利的价差，而且能够从内在生发出价值，它是一种无形的资产，财务上把它归类为商誉，这却几乎被传统产业忽视，没有真正将其视为核心的资产，而是一路猛冲在资产规模、资金、资本股价上，最终一头栽倒在价差模式的道路上。

2. 品牌生态与链上 IP

一个成功的持续发展的百年企业，都有自己的品牌生态战略，建立护城河的不是利润，而是品牌。没有百年的资产，只有百年的品牌。品牌生态，意味着持续打造一个核心 IP，有品质的传承，有迭代的品牌文化、品牌故事，积累了一大批信仰，凝聚成一个有张力和生命力的追随者社区。

很可惜，对比中美企业，最有价值的品牌几乎都在美国和欧洲，而中国只有最赚钱的企业，而且大多是银行、"三桶油"或者电力能源。大量的传统产业没有将品牌拔高到真正需要的高度或者维度，而只是将品牌与 App 的企业要素同纬度地混在一起，甚至比 App 要素的重要程度还要低，因为它们眼里只有销量、成本利润和流量变现，只有价差和微利，已经看不到内生价值。

品牌生态，就是内生价值的一部分体现。内生价值的能量体现在：品牌在，文化在，信仰在，即使今天企业的 App 要素都没有了，依然可以从头再来。比如华为，即使在被美国围追堵截中全部都没有了，只剩下华为的品牌，一样可以再生，这就是内生价值的核心。

内生价值是可以从内在不断生发、自我生发的机制，它是一种产业的能量场，只有引起能量的共振，才能有强大的生命力，有内在生发的溢价，有可持续的发展，这种能量所体现出来的品牌才可以资产化。但要寻找和发现产业中类似品牌、IP 的这种内生价值的能量场，要实现内在价值的资产化，只能从更高的维度来发现。所以要升维到更高的一个思维角度，到体现产业共识的主网链上，找到内生价值真正的能量场。

3. 下链而不是上链

产业区块链不是传统的三维空间业务，数字化上链就能够催化的，那还是链化成为一个价差模式的不伦不类的区块链，而不是真正的产业主网。因为没有从内生价值入手，还是在同纬度，将共识跟传统产业扁平在一起思考和设计，以为只要把传统产业的传统业务数字化上链就可以实现。但简单的上链并不解决信任，也不会带上去共识，甚至连最基本的 100% 真实都确保不了，就更谈不上能够寻找到链上的内生价值并能够衍生赋能。所以，上链是错误的。

就跟互联网平台一样，现在各种新的短视频、网红直播等流量主，头条系的各种内容流量模式，都在强调流量变现。流量主的电商变现，不是在说着说着的时候拿出一个广告牌，然后冲动消费、退货、刷单等；而是要寻找到内容流量的核心内生价值，真正触摸到内容的 IP 资产化、讲故事的经济模型，才可能实现内容流量主的增量或溢价。

所以要有升维的意识，是去寻找高维的能量和视角，从更高的维度发现和设计产业的数字 IP，从这个链上的原生资产中发现内生价值，并不断生发和赋能出来。相对于传统的三维实体经济而言，链上是一种四维生态，它的链上的共识和能量场，通过新的方式组合成为不同的能量波。链上的原生数字 IP，是通过区块链机制、主网文化、原生数字 IP 以及 DAO 自由开放的精神，而最终形成有共识的、有能量场的数字资产。核心的数字资产，通过生态密码或随机数产生共振，形成不同的能量波：数字资产、智能合约、Token、Protocol 等，从而不断生发新的数字资产和数字资产生态结构，比如 NFT、ERC2222、SPV 等。这些数字资产和协议，再进一步投射到三维空间的传统产业，从链上原生数字资产投射到链下数字化资产，映射对应实物或权益的数字资产，以及合约和交易、币和支付结算。所以，在产业主网的区块链生态中，下链才是正确的。

最终，投射到链下的数字资产的能量和价值会进行回馈，通过区块链技术实现回归。至此，当按下产业主网的启动按钮，产业主网的 IP、共识和链能量，随着主网启动，不分线上线下，不分链上链下，一直在网，生态循环。

二、产业主网理论

1. 产业主网架构

主网（Mainnet）是来源于无许可公链，公链在经过多轮测试网络（TestNet）后主网上线，启动后主网是真正去中心化，永远在线、停不下来，会不断迭代、扩展、衍生各种数字资产（Token）、各种资产协议、各种智能合和各种场景。

产业主网是产业数字经济的基础设施，以主网的形式构建最基础的底层链与账户、产业共识 Token、核心资产协议、核心智能合约，这个在区块链架构上也称作"Layer1"。

主网的第二层外围（Layer2）有不同的侧链或分支，侧链与主网相通并基于主网的链、Token、智能合约建立侧链的核心模式和应用场景，侧链可能基于某种特定的技术、特定的方向、垂直的行业等，并扩展出第三层外围（Layer3）的应用 DApp、去中心交易所（DEX）、自动做市商（AMM）、数字钱包（Wallet）等。

产业主网的链上往链下的产业投射时，需要一个特定的通信服务层（EMS，Entanglement Messaging Service），这个 EMS 通信协议基于加密技术（哈希、默克尔树、零知识证明等）实现链上链下的安全跨链同步，并有审计和验证等机制，实现消息和数据的获取、传递、审计、更新等，确保链下数据的可信和不可篡改。

产业主网的最外围（Layer4）是企业应用服务 EAS，产业原来的各种企业业务系统、数据系统、应用系统、终端应用、云等，各种异构数据基于统一的底层原生信息上链的标准，通过 EMS 通信服务层，参与到链上的共识和资产、智能合约等的运行中（见图 5 - 1）。

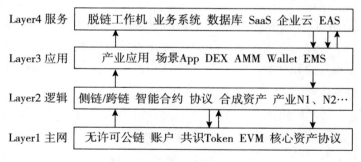

图 5 - 1　产业主网架构图

2. 产业主网组成

产业主网与产业互联网、产业云甚至联盟链形式的产业区块链是截然不同的，它的核心价值是建立一个去中心化、无许可、无准入、平等开放、可编程的体系，而且是一旦启动就不能停止，只能不断迭代、优化和升级的生态体系，是一个权力下放的产业自治组织，是一个启动后自治运转的产业永动机。

去中心化，是没有中心化控制枢纽，不依赖于中央控制，分布式运行才能够停不下来；无准入，是没有限制条件和进入门槛，对所有人开放，无许可的访问可以增加群体智慧和效率，也是普惠金融的可得性的真正体现；平等开放，是没有龙头企业，没有层次结构，没有老板，一个点对点的平等开放的节点网络，所有成员都能够透明平等地获得信息，通过治理 Token 投票达成共识，通过 DAO 实现社区治理；可编程，代表高维能量的但是用三维空间可以懂的代码语言来作为规则，代码即法律（Codeis Law），避免人为和垄断，通过链上的共识和代码、智能合约来实现自动运行，通过公平公正透明的可编程系统实现成功决策。

产业主网的发起和形成，需要有一个无许可公链作为底层基础设施，结合共识 Token 和跨链技术实现扩展和衍生；同时需要有一个信仰共识的产业投行，进行产业主网的宣导、共识的一致性推动、产业应用和场景的孵化等；往链上扩展的时候，要结合产业互联网和产业云，作为统一的链下产业业务和数据系统。所以，产业主网可以由三部分组成：产业共识投行 + 产业无许可公链（共识 Token + 跨链）+ 产业云（互联网）。

产业主网的核心在于产业的无许可公链，作为基础设施的底层区块链，需要有相关的核心技术来支撑：一是主网的"主链—侧链—跨链"技术，无许可公链作为主链、主打 Layer2 应用的侧链以及跨链实现多链应用；二是共识算法，主网的共识一致性算法，以及核心数字资产、价值发现、交易交换的算法；三是开放金融，实现去中心化、无信任、无准入的开放金融产品和合约；四是社区治理，基于 DAO 的自治组织和治理投票决策机制，最终，形成一个融合了"Blockchain + Consensys + DAO + defi"的平台。

3. 主网与主网

产业主网的核心是能够通过区块链的共识凝聚出产业的能量场，并通过共识的共振实现更大的集群效应。因此，不同的产业可能会通过不同的侧链聚集在同一个主网，也有可能不同的产业会分别有自己的主网，有自己的产业主链；而一个主网里面，会有主链、有侧链、有应用 DApp 等，会有节点、有终端、有用户等，然后聚合了产业的数字资产、产业的支付结算稳定币、产业的参与者投资者消费者等；这些主网—链—节点等，形成一个围绕产业主网共识的大能量场，不断共振出能量波，并投射到链下的实体经济空间实现赋能。

多个产业都接到一个以太主网，那就是跨链，跨产业的侧链；一个产业接了一个不是以太而是 App 公链或者自定制的公链作为主网，那就是跨主网，主网因为底层主链不同，跨主链意味着就要跨共识、跨 Token，这就是主网与主网的关系。

即使是接入同一个主网，也有不同的网络。有主网，就有测试网络

（Testnet），用于进行不同的模式、机制和测试。在以太坊的主网之外，有多个测试网络：Ropsten、Kovan、Rinkeby、Goerli 等 testnet，用于不同的客户端或者不同的共识机制，同时作为侧链和应用场景的测试网络，经过试错、推演或者审计等测试磨合后再接入主网。每一条测试网络，有自己的验证者，有节点、试行业务等；在测试网络上进行试错、测试和验证。测试网络并非就是测试，它也可以运行不同共识机制的正式产业场景。

测试网络和主网一起组成了产业主网的开放链上生态，甚至不同的主网之间也可以形成开放的关系，最终形成一个主网矩阵（Matrix）。主网矩阵没有主网的主网，只有去中心化和开放。作为链上的主网，与链下的法定世界是可以共存的，因为在投射的过程中，去中心化的主网在某个点上是可以映射为中心化的权威或规管。在三维实体经济空间中，局部或者形式上是中心化、权威和监管准入的；但它在矛盾比较突出或问题比较严重的局部，需要高维来解决，就需要透明化、DAO，它就要接入链上和主网，通过主网的执行和开放，实现局部问题的降维解决。

这样的包容和共存的开放，才是真正的主网理论。有去中心化的多主网、多产业侧链，有中心化的法定世界参与，会跨共识，跨主网，跨链上链下，最终形成的一个无中心无链上下的主网矩阵。

三、主网生态

传统产业要理解主网生态，就需要从传统产业找案例来对比，我们以海尔的生态品牌战略与产业主网理论进行参照对比，帮助传统产业更好更快地理解主网生态。

2020 年，经历了几十年的发展进入成熟突破阶段的海尔，以全球唯一物联网生态品牌的身份进入全球品牌价值排行榜百强，也是唯一进入百强的国内制造型企业。海尔从最早的"真诚服务到永远"、后来的"人单合一"到现在的链群共赢进化生态，一直在打造以海尔生态品牌为引领的组织创新、管理创新和平台创新。

海尔的链群共赢生态核心为：人单合一、链群合约、自驱体系、增值分享。从小微经营体、资源合作方、用户体验、生态链入手，进行破坏—重组—引领。这套体系就相当于是一个产业主网雏形，只能在链上实现，人单就是个体，链和群是 DAO 和智能合约，自驱是共识 Token，增值就是 Token 激励和分配机制。

组织形式上不再是中心化，而是在网。海尔把 1.2 万名中层管理人员转化为自主创业的小微经营体，这些小微是在网员工，不是在职员工，这就相当于转化为一个在海尔网络里有 HaierID 的一个独立的个体，有在网的身份证和账户信用体系，而没有组织关系。

海尔生态网络，围绕用户体验从链—群—小微（DAO）—个体（Peer）进行构建。链是体验链和创单链，也包括各种产业链，相当于主网上的侧链；群就是节点，是小微群，4000 多个小微经营体，相当于一个 DAO 的单元，有主网信用、有主网身份、简单高效。而整个链群是开放的，通过不同的产业侧链或者节点，可以整合全球的合作资源，并不限于内部或小微群。

人单合一是小微和用户基于共识达成一致，这也是用户需求和体验的价值资产化，通过用户体验共识的 Token 和智能合约实现合一。

链群合约是激励小微经营体、合作资源方等的智能合约和分配机制，合约不是中心化拟定的，而是分布式促成，参与成员 DAO 治理机制，也有任务和赏金的模式全球化资源开放合作。

自驱体系来源于小微经营体，基于主网的共识和品牌生态，将小微的市场或设计能力资产化，通过 Token 和智能合约推动体验链群和创单链群的孵化和参与，实现自我价值资产最大化。

增值分享通过主网的 Token、智能合约以及生态场景共享池进行智能分配和二次分配，并可以通过区块链的增值分享协议对每一个参与的个体或资源方进行激励或分配。

最终，海尔主网打造的是一个海尔品牌战略生态，有清晰突出的数字化 IP，有在网的品牌生态，围绕链群、小微、全球化开放资源合作方以及消费者形成一个有持续生命力的数字经济生态。

在海尔主网中，有海尔的信任共识和场景品牌，一个核心的小微经营体，以 DAO 机制驱动体验链群和创单链群。比如在家庭洗衣场景中，家庭洗衣小微联合了服装、洗衣机、洗护用品、RFID 物联技术等国内外 5300 余家企业及品牌作为"生态资源方"，为用户提供衣物洗、护、存、搭、购、回收的全生命周期解决方案。

海尔生态目前在全国推进的场景一共有 3 万多个，涵盖了各行各业。其中，衣联网围绕服装行业相关的产业连接，把洗衣机、干衣机、洗鞋机、服装、鞋业、洗涤行业等全球 13 个行业集中进来。卡奥斯 COSMOPlat 智能制造平台，可以为青啤等企业进行赋能，也可以为小微经营体赋能，疫情期间基于口罩的需求可以快速搭建口罩资源平台，服装企业转型参与到口罩生产线，并进一步延展到防护服、防护用品，进化为防护用品的生态平台。

大部分传统产业都是围绕销售和规模来竞争，但忽略了核心的内生价值所在：满足用户体验的品牌生态，这需要打造企业的核心品牌价值，真正摆脱生产总值的束缚，赶超引领。只有企业建立起品牌生态，有消费者和流量，有共识和信用，即使没有了资金、没有了 App，也可以重新展业，上下游产业链生态和合作资源方又会聚集，这就是真正的产业品牌 IP 和能量场。

海尔正在以全球首个物联网生态系统的领先者、引领者在努力奋斗，一旦这个物联网品牌生态在多个测试网实现，就可以启动海尔产业主网。张首席的讲话"链群共赢，千条江河归大海"，大海就是海尔的产业主网，按下启动按钮，就不会再停下来。

第二节　产业数字经济体系

产业数字经济是一个开放协同、没有门槛、真正普惠的新生态，一旦转换成功，它就成为一个不可停止、不受中心化控制的产业主网，不断重构和组合，迭代升级。

一、主网与 DAO

1. 主网生态

主网启动后就成为一个永远在线的永动机，这个毫不夸张。如果今天来分析一下 2009 年启动的比特币主网和 2014 年启动的以太坊主网，比特币主网的中本聪至今就没有出现过，而以太坊主网基于社区治理进行运转，创始人 V 神和核心开发者也已经不能控制。当然，主网的永动机，不是它自己永远运行下去，而是有生态、节点及参与者。

最初的主网，是公链的主网，正式上线的、独立运行的区块链网络。主网上线意味着项目生态开始启动，会有不同的节点，会有大量的场景 DApp，会有各种资产和共识，还会有更多的开发者、参与者、持有者等共同参与，开始持续的链上行为和社区行为。

主网一定是开源的，这样的生态才会吸引更多的开发者参与。而作为代表，以太坊就有着非常广泛的开发者社区，在以太坊主网和开发者社区活跃着大量的开发者和区块链项目，会不断涌现出类似稳定币、DEX、侧链分片、零知识证明、DeFi 等创新引领的技术，推动以太坊主网生态更加强大和活跃。

ConsenSys 创始人 Joseph Lubin 曾经围绕以太坊主网生态提出过一个问题：谁是以太坊的开发者？在以太坊的共识和开源下，任何人似乎都可以是参与主网的开发者：Javascript 开发人员只要导入 Web3.js 或 Ethers.js 就可以使用以太坊的库或者包；iOS 开发者可以将 Web3 钱包整合到他们的 App 中；App 开发者可以开发 MetaMask 移动版插件来接入 MetaMask 用户访问；协议开发者用 geth 实现一个 Ethereum 虚拟机环境；物联网开发者用在树莓派上设置一个 Ethereum 节点；超级账本开发人员计划开发一个 Fabric–ethereum 互通协议；金融从业者关注了开放金融的 DAI 和 ETH，组队参加了黑客马拉松（hackathon）等。在这个主网生态里的每个人都相信，以太坊是一种更好的方式，基于开源精神整合更多人的智慧，基于 DAO 实现更多的社区自治，这种主网文化会丰富和升级我们的文化，提升我们的智慧。

如果与以太坊生态的人聊天，你会发现：以太坊的 Mainnet 存在一种以太坊文化，让每一个参与者和开发者都有着强烈的归属感和认同感。这就是存在于高维空间的能量场，它不断生发着各种能量和创新，并在 DAO 社区参与和治理下，投射和生发更多的价值。

2. DAO 机制

DAO 是一种社区自治机制，类似于区块链上的公社，全称是分布式自治组织（DAO，Decentralized Autonomous Organizations），是通过区块链和智能合约来实现去中心化协作的组织模型。相比传统组织形式，DAO 更加民主和开放，基于共识的启动成本要低很多，而且不可篡改性和透明性更值得信赖，同时基于代码的可编程性可以支持各种治理功能。而比较笨重和臃肿的"企业"，它未来的进化阶段可能会是 DAO 组织。

企业是一个中心化的组织和治理形式，而 DAO 是去中心化和自治的，还可以分布在全球，开放程度让传统产业难以相信。基于某一个共识，全球的各种各样的人或者 DAO 组织，都可以参与进来这个 DAO 组织，从创始的启动资金、初始的启动工作等，甚至有更多协同工作通过任务或者赏金参与进来，形成一个共识组织来进行协同工作和实现价值，并按智能合约自动分享收益，通过提案、投票权等进行决策治理，最终形成一个全新经济网络。

从海尔的管理思想能够体会到传统产业对当前的"企业"组织形式的不断反思和进化的努力，科斯的契约经济理论中认为交易成本是组织演变的主要因素，交易成本趋向于零的时候会吸引实现最优配置资源。新的组织形式和运行模式，需要不断降低交易成本，实现边际效益，从而进行一次系统性的进化和升阶。DAO 从每一个参与的人开始，平等开放并有共同的共识，有相同的费用和投票权，有个人利益和个人激励，通过社区投票治理机制实现自治组织的集体利益，开源代码执行协作和分配，使整个生态系统交易摩擦减少、边际效益提升，从而实现开放式协作的最优交易成本。

比特币是第一个 DAO 试验，创始人中本聪从来没有出现过，没有一个名义上的中心化控制机构，核心开发者团队也是通过社区的比特币改进提案来进行建议，然后比特币主网参与者（虽然投票权主要分布在大的矿工和交易所）投票达成共识才能执行提案。我们可以看到，类似比特币的 DAO 正在进行局部试验，它作为一个新的可替代的治理模式，不会上来就去替代一个国家的治理，而是在社区、企业或者产业进行试验。美国引发的去全球化趋势越来越汹涌，这种转向本地化的模式会寻找一种新的更优的替代方案，DAO 可能会给传统产业的组织进化带来一个非常好的替代机制。

在 DAO 的实践中也发现了链上治理的不足，很多时候链上投票的参与度比较低，而部分投票权会被集中在中心化机构手中，这些都需要在 DAO 实践中不断更新升级，要解决委托代理和二次投票的机制，要加强分布式的监管比如见证人和仲裁，要建立分布式的声誉机制，并建立链上的 openlaw 协议机制。

在产业的 DAO 尝试中，完全可以不用担心 DAO 的去中心化和自治与传统产业的冲突，因为进化中的 DAO 不会完全去中心化，也不会完全自治。它会根据产业的优化目标，从需要优化的局部开始，用分布式的模式尤其是个体的在网身份，通过投票权、智能合约等方式自动化治理，并对中心化决策形成一定的约束或限制而不是直接替代。当基于产业或企业的品牌生态战略下形成的共识，在网的分布式个体，有一致的行动目标，有合理的决策和激励机制，产业 DAO 实验体可以不断优化和迭代，成长为一个可落地的真实 DAO。

二、产业与开放

1. 开放的趋势

虽然全球化的趋势正在瓦解，但产业经济的开放趋势越来越明显。因为全球化未必是先进的，它可能是一个中心化的全球扩展，也可能是一个庞大的垄断或者封闭的产业链经济体。而开放趋势意味着开放协同、竞争合作、共同治理等，这也是主网（Mainnet）和分布式自治组织（DAO）带给我们的更多启发。

凯捷的《2020 世界金融科技报告》中提到：为了成为新时代的参与者，传统银行业必须接受 OpenX 开放模式（一个开放平台，各行各业不同规模的参与者共同合作）才可能成为创新能力的银行，在合格的金融科技合作伙伴的支持下，参与到新的开发生态系统中。虽然有大量的技术和创新投资，但大多数银行打造的前、中、后台的无数个系统，可能成为一些无法提供无缝而且个性化的整体的客户体验，就像是不断地产生一个个信息孤岛，很大程度上银行的核心技术已经不再适合这个新时代的数字世界。

比较可惜的是，即使是 OpenX 开放平台的目标是实现前中后台的大规模协同，从而可以无缝交换数据和资源，加快产品创新—改善客户体验。但这还会是一个中心化系统，就跟一个中心化的进行全球化协同和扩展的企业一样，即使有更多创新的金融科技公司来协作进行精心设计，开放平台的系统开发完美的映射了数字化转型的业务流程，但它还是一个新的中心化、伪开放的平台。

真正的开放平台，要把银行的中心化消解，要把平台的中心化消解，要把竞争转化为合作，要把客户（消费者）转化为参与治理者，只有打造一个产业主网（OpenX 主网），才有可能真正实现数字世界的开放。

但这个世界真的很奇怪。传统产业经济里面，大部分人已经习惯了中心化的体系，习惯了被规管或者被监控，习惯了数据隐私被卖来卖去，金融门槛不对个人开放，还有大量空间需要扶贫普惠；大部分企业也已经习惯了被龙头企业核心企业盘剥，资本力量横行，快钱企业的造假追求资本，银行信托这些代表诚信的金融机构也频频暴雷等。这些都是一个中心化的经济网络体，没有公开没有透明，中小企业和个体没有治理或参与治理的可能性，强大的龙头企业或资本力量利用强大的资金和数据科技的能力，占据着垄断的资源和地位。开放，不仅仅意味着弱小的争取，而是整个经济体网络的腐败和陈旧所引发的再生诉求，也是既得利益和龙头企业在组织发展的瓶颈中所迈出的探索。是不是能够舍得和放弃吗？是不是能够忍受一部分的无准入的混乱，一段时间的去中心化的混沌秩序，然后在换得新的开放生态呢？

2. 产业联盟与产业园区的方向

如果看海尔的发展探索，将几万名在职员工转化为在网不在职的 4000 多个小微经营体，类似于一个个小的 DAO 单元实现人单合一，同时结合海尔强大的卡奥斯 COSMOPlat 智能制造平台，日日顺的场景生态平台，最终形成了一个强大的海尔生态品牌战略，即使全部都没有了，海尔的主网在，品牌和共识在，就可以快速重构一个新的海尔生态，这就是产业主网的能量。

所以产业重构，需要敢于尝试去中心化，创新不同的 DAO，依托于法定世界传承的优势，在区块链上建立强大的生态品牌和共识，逐渐打造成产业主网，在主网的生态立建立数字资产，建立个体信用，建立共识 Token，就可以进一步实现链上的信用、资产的分配和激励，最终每个人、每个单元、每个 DAO 组织都做自己擅长的，通过一致共识组合起来才是强大的主网。

以前，传统产业喜欢搞产业联盟，政府或行业协会出面组织，龙头企业带头，领一帮产业的大大小小的企业开会，签一个战略联盟协议，制定一个行业联盟标准。这种人为和人治的产业联盟，没有真正的相互信任，还是突出龙头企业的利益和优势，中小企业没有话语权，甚至龙头企业之间继续竞争和打压，最终产业联盟会越来越松散，变得没有人来开会，没有人听指挥，最终只有解算或者闲置的结果。

这种情况就跟联盟链一样，拉某个行业的多少个企业组成利益共同体或者供应链联盟，然后每个企业部署个节点，大家连在一起形成一个分布式账本，数据和资产上链，然后就鼓吹联盟链落地服务于实体产业了。其实，这种链相当于一个分布式数据库，共识只是这个联盟小圈子的临时一致，也不解决产业的生产关系和组织形式问题，也不解决产业的开放和透明的问题，不用半年或一年，这种联盟链项目就会变成一个企业数字化的分布式数据库项目，节点和链名存实亡。

产业主网是产业园区发展真正的方向，因为企业是很难建立或者主导构建主网的，这时候产业引导非常关键。一个产业里面，能够有海尔这样的企业，在不断发展的过程中还能够不断创新和探索新的平台模式，是非常少见的。这时候就需要产业引导，尤其是大量的产业园区，以前总是以招商的局部思路去招来招去，招来一批慢慢凋零了再改方向继续招商。现在要能够建立起更高维的产业主网的思想，把产业主网作为新基建的关键，要以园区为支点打造一个产业，就要放弃招商思路，建立产业主网的战略规划，打造产业的链上 IP 和数字品牌生态，形成产业主网的能量场，构建一个开放、透明的链上产业主网，形成产业品牌生态，吸引更多的产业环节、DAO、个体等参与到主网生态中，这时候就不会依赖于一个或几个龙头企业，而是依赖于主网共识和品牌生态。

要发展一个产业，就是要构建有生命力的产业主网，然后把启动按钮按下去！

三、产业数字经济体系

1. 数字经济体系

在数字时代，数字经济绝不仅仅是数字化新经济，它一定是升维的经济形态，而不是三维的传统经济数字化。有区块链，有共识，有数字资产，有产业区块链，有产业主网，共同促进和构建的产业数字经济体系，将非常令人期待。

产业数字经济，不再有龙头企业、长尾中小微、配套上下游企业等，而是开放、平等和独立的节点网络，有创始节点、超级节点、生态节点，甚至会形成一个开放的全球超级网络，基于 DAO 社区治理机制，共同参与到产业主网的建设和达成一致性共识。

在产业主网的区块链上，有基于产业共识的数字资产协议，有基于共识的信用和 Token，发行链上的产业数字资产，基于区块链和智能合约实现数字资产的交易，建立起促进流动性的产业交易市场，实现数字金融和产业数字资本。

传统产业的"资产—交易—金融"的结构体系，会在产业主网和区块链的高维投射下进行升级，围绕链上的数字 IP 和品牌生态，进行数字化的进化，会有产业主网的各种投射标准，新的"数字资产—数字交易—数字金融"的主网生态。

产业主网的基础设施是无许可公链，并连接多层框架实现分层，衍生不同类型和场景的协议，链上的数字资产、数字货币、产业稳定币，链上的分布式交易所、分布式基金等，各种产业侧链和应用 DApp，都是产业区块链的有机环节。

因为有主网、区块链和 DAO，所以会有大量传统产业不太能快速接受的新东西：产业共识、产业信用 Token、投票治理、协议算法等，这些基于可编程代码实现的新要素，成为产业数字经济的核心基础。

资产不再是传统的固定资产和无形资产，而是全新的产业数字资产，继承主网链上的数字资产协议并投射与产业实体资产，原生信息和真实交易流通等数据上链存证，并进一步有大量的智能合约资产和智能合成资产，成为产业数字经济的核心标的资产。

混合的流动性市场，逐渐摆脱中心化交易市场的限制和缺陷，而是基于分布式的产业交易市场、数字资产交易以及创新型的 AMM 交换市场等，还有数字钱包、分布式场外 OTC 等，它将会带动多级市场联动，从而给产业数字经济带来灵活多变的流动性。

零售也不再是简单的线上线下新零售和电商模式，而是与链上 IP 品牌生态相结合，有 NFT 类型的加密猫模式、潮牌鞋模式的加密商城、透明可信的链上加密券、丰富便捷的沃尔玛企业币和数字人民币 DCEP 等，组合而成数字经济的加密零售。

数字金融，不是简单的互联网金融或者基于大数据和人工智能的金融科技、基于产业链的供应链金融，而是围绕数字资产和数字资产交易，基于区块链和智能合约衍生的开放金融、通证化金融。数字金融生态，不仅为产业提供融资能力和流动性，还可以实现低交易成本的跨境支付、全球化投资、离岸托管等金融业务，实现可信可靠的反洗钱、反欺诈、白名单黑名单等金融监管合规设施。

产业数字经济将会有懂产业、懂金融、懂区块链，有主网思路的产业投行出现，它们推动产业主网的发展和产业链的整合，做数字产业链的集成商、运营商、服务商和投资商，有更多的资源和更多的投票权参与到产业主网的建设和治理中。

2. 产业数字经济总览图

产业数字经济将会在一个中心化监管的基础上进行局部引导和渐进式升级，在数字化、区块链化和弱中心化或多中心化的过程中构建节点网络，构建 DAO 治理机制，最终启动产业主网。

理解数字经济的关键，在于它将权力从组织内部重新分配到外部。该法则的推论是，在数字经济中成功的企业，就是那些意识到如何在组织外部重新分配权力的企业，并学会利用它来促进增长和利润。

3. 未来展望

从产业数字经济的角度，转型的路还很长，而且随着新的高维体系不断共振和投射出更多新的模式，也会继续促进数字经济的创新和升级。

国家区块链战略，目标是弯道超车。央行数字人民币 DCEP 的试点发行后，第二轮在互联网小额场景和"一带一路"场景上探索，这是迈出的积极行动，它像是一个火种，启蒙和点燃每个人对数字经济的认知，而这种认知会推动下一阶段的数字资产交易场景的不断演变和试错。

全球公链创新，会迭代升级。虽然国产公链走过了一段弯路，而且当前的建设重点在联盟链，而全球的公链创新方面比如 ETH2.0、分片、侧链、DeFi、资产交换协议等几乎没有我们的身影，但会螺旋迭代回来，继续参与到全球创新。

数字资产和数字资产交易，在数字货币的负面影响和金融监管的审慎态度下，不会推进那么快，但随着脱虚向实、贴近实体经济的精神，实体产业的数字资产和数字资产交易将会逐步开始试点，并与 DECP 发行配合同步前进。而这些数字资产和交易等的治理，会引入 DAO 治理机制进行局部的去中心化的治理和监管。

产业数字投行的出现和发展是产业数字经济的推手，更多的投行、创投或基金会转型到数字投行，产业区块链会从联盟链开始升级到多层的产业公链（公链—子链/侧链—云），产业互联网和产业云会与产业公链一起成为产业主网的有机组成部分。

数字资产是产业数字经济的基础，数字金融是产业数字经济的血液，产业主网是产业数字经济的心脏。产业数字经济的成功，就是一个个产业主网的启动按钮按下，并与数字人民币 DCEP 驱动的主网形成一个开放、协同的主网矩阵。

产业主网永远在线！

第三节 案例

一、不动产

为持续推动中房国际"一带一路"产业经济及数字不动产经济建设，紧密配合央行数字货币 DCEP 未来发行及在"一带一路"的试点，并响应号召协力推动基建 REITs 试点工作，中房国际试点旗下不动产资产通证化。

本次率先启动试点的不动产是位于柬埔寨首都金边的地标性建筑——中房国际大厦，2020 年 8 月主体封顶。项目将中房国际大厦的办公、商务餐饮、Loft 公寓、住宅公寓等价值 2.8 亿元人民币不动产进行资产通证化，此举将对推动"一带一路"数字经济生态建设、金融科技发展、产业区块链创新起到示范性作用。

项目总建筑面积为 11 万平方米，共 60 层，是集商业、酒店、公寓、住宅、写字楼、商务会所于一体的超高层国际多功能大厦。建筑引进国际先进设计理念、采用绿色科技建材、融合当地文化特色匠心打造，即将成为金边首座超高层摩天大厦最高地标建筑，顶层景观塔可俯瞰金边全景，实现观光休闲一体化。

中房国际的企业理念是"勇担重任，让居住更美好"，在本大厦配备智能化装修及物业管理，力争领先十年，成为金边璀璨明珠。顶层景观塔可俯瞰全城，实现"鸟瞰金边何处去，可到中房国际游"的热门旅游打卡点。

1. 顺应而为打造资产通证化（STO）标杆项目

国务院发展研究中心 REITs 课题组组长、汇力基金管理有限公司董事长、中国证券基金业协会资产证券化委员会顾问、中房集团原理事长孟晓苏博士在 2020 年 5 月以《加速践行资产证券化 适时推动资产通证化》为题的主题演讲上表示，区块链技术的应用场景非常多元，其中一个重要的方向就是基于区块链技术实现"资产通证化"。孟晓苏博士指出，由"资产证券化"向"资产通证化"转变是目前国际上的大趋势，即先实现资产证券化，随后在资产证券化的基础上，再把资产权利转化为通证权利。

中房集团国际公司董事局主席、全球"一带一路"经济合作联合协会执行主席谢雷表示，人民币全球化、"一带一路"数字资产与数字金融、"一带一路"数字资产交易以及产业区块链创新是国家的使命，也是中房集团国际公司的使命。

为此，中房国际将依托国内、香港、澳门和国际的人脉资源及产业资源，以数字不动产的新面貌，以高起点、国际化建设"一带一路"的数字不动产经济，吸引国际投资者，连通"一带一路"沿线国家，融合金融、产业、科技、文化、教育、人才和资本等共同打造国际不动产数字金融产业生态，打造"一带一路"不动产数字经济生态（见表 5–1）。

表 5 - 1　STO 项目设计要素

项目	内容		
产品类型	不动产数字 REITs（STO）		
上市场所	STO 交易所		
目标物业	中房国际大厦（柬埔寨）自持部分物业（市值约为 2.8 亿元）		
原始权益人/融资主体	中房国际大厦（柬埔寨）公司		
基金管理人	（新设）新加坡房托基金管理公司		
基础资产	原始权益人持有的房托基金份额，原始权益人因持有该房托基金份额而持有资产控股的 100% 股权，间接持有物业的 100% 股权及债权		
融资规模	约 2.8 亿元（人民币）		
收益利率	8%	无票面利率	无
利率类型	固定利率	浮动收益	使用
收益方式	每日租赁分红	每期分配全部剩余收益	购买兑换物业、交租金、商圈消费
资金来源	物业运营的租金净收入	物业出售收入及上涨	物业资管公司清算
Token	对应房托基金份额，智能合约自动分红，90% 投资人，10% 运营管理		
分割方式	4000 万分之一，初始价值等于 1 美元		
流动性	STO 交易所交易，进一步设计与不动产稳定币进行兑换，可以数字资产交易所交易（如币安不动产）		
退出方式	中房国际（柬埔寨）回购 持有份额可转产权权益（赎回物业）		

2. STO 交易结构（见图 5 - 2）

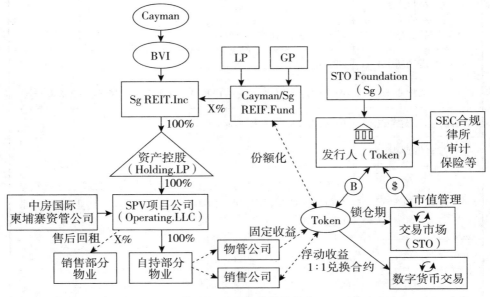

图 5 - 2　STO 交易结构示意图

3. 项目概述

中房国际大厦（柬埔寨）的物业销控节奏，以自持部分为主（4000 万美元/2.8 亿人民币部分）进行资产通证化，物管公司辅助租赁、销售等业务。在柬成立中房国际大厦资管公司，作为持有进行资产化的自持部分物业的 SPV；按 REITs 架构，在中国香港/新加坡成立房托基金，基金控股 SPV 项目公司；在新加坡成立数字基金会，作为 STO 的主体发行人，对应房托基金的份额。项目合规在美国 SEC 备案，有相关律所、会计师事务所、资产评估机构等参与 PPM，基金在东南亚和欧洲进行路演和私募。

中房国际大厦 STO 发行对应房托基金的份额进行分隔，切片到 1 平方米；房托基金持有项目公司的股权和债权，并以项目公司持有的不动产抵押；投资人通过 Token 持有房托基金的份额，固定收益以房租，租金通过 Token 实现每日分红；浮动收益以销售或房价上涨，销售所得收益进行分配；同时有使用权益，可以购买或兑换物业、交付租金以及商圈消费；STToken 退出提供赎回模式，可转产权权益，按指定额度可以兑换为物业产权。总体收益按房托基金的要求 90% 分配投资人，10% 留运营公司。

中房国际大厦 STToken 可以在合规的 STO 交易所（新加坡、中国香港持牌 STO 交易所）公开流通交易，也可以有基于数字钱包的场外 OTC 市场进行流通，同时设计合规流动性，做好隔离设计与不动产稳定币进行兑换，可以在数字资产交易所（如币安不动产版块等）公开流通。

二、文化艺术品

由于文化艺术品的金融属性，文化艺术品区块链很难走溯源和上链的路线，而是应该从文化艺术品投资的资产化入手，也就是资产通证化，这包括两部分，一部分是当前的文化艺术品投资产品的通证化，一部分是文化艺术品数字化后的加密资产化。

传统文化艺术品投资是长期投资，以时间换空间的投资模式，不适合"快进快出"的投机者。如果是传统的古董文物字画等投资基金要 10 年左右，退出周期也比较长，因为艺术品的保值、增值、再流通的周期是比较长的。据行业数据统计，一件艺术品实现明显增值的再流通时间需要 15 年左右，部分艺术品的增值再流通可能需要更长时间，艺术品增值为年均增值率 8% ~ 12%。

文化艺术品数字资产化带来创新机会和流动性，可以更好地资产化青年艺术家和艺术品，把未来的收益增值空间转化为当前的权益份额，时间和空间得到了很好的错配，尤其是为文化艺术品投资重构了一个新的闭环合作机制。

传统的艺术品按揭和艺术质押融资，因为需要有评估和鉴证等，实际上还是看重融资方的信用，而且是中心化的模式，因此我们主要从可以进行通证化的艺术品金融产品展开分析：

1. 艺术品信托基金

典型的以艺术品为抵押的固定收益或浮动收益的艺术品投资集合资金信托计划产品，信托资金主要用于购买文化艺术品的收益权，类似房地产的 REITs。艺术品信托产品有的是浮动收益类型，即看涨未来的艺术品市场，收益较高但也需承担一定的风险；有的是固定收益类型，以质押担保的方式操作，安全性较高，但收益相对低一些。例如某艺术品产品信托 1 号的信托融资额为 4650 万元，期限为 18 个月，信托资金主要用于购买数幅知名画作的收益权。购买的艺术品（质押品）的评估值超过 9000 万元，质押折扣率为 50%。该产品到期后，最终的实际收益率为 7.08%，与预期收益率 7% 基本一致。

艺术品信托基金可以通过通证化获得更好的流动性以及降低准入门槛等。

2. 艺术品投资基金

类似证券私募基金或固收类债，私募筹集的资金用于投资收藏艺术品，根据基金期限到期分红以及预期收益，或通过回购保障。比如民生银行的"非凡理财·艺术品投资计划1号"，由北京邦文当代艺术投资公司进行投资；三方收取的费用分别为：银行管理费2%，信托投资公司信托报酬1.5%，投资顾问报酬2%，给客户的预期收益率0%~18%。

艺术品投资基金的通证化一般设计为数字债模式，固定收益+部分浮动收益+部分使用权益，再结合回购、实物赎回等保障措施。

3. 艺术品数字"股票"

艺术品证券化的直接方法就是将艺术品设计成为拆分的"股票"，有牌照规管的艺术品产权交易的基本流程是：资产包发行人提出申请，文物部门进行售前审批、鉴定评估，上市审核委员会审核，保险公司承保，发行人对拟上市艺术品进行路演，博物馆托管，承销商进场发行，全过程上网公开。在交易方式上与股市类似，采取电子化、份额化的连续交易、撮合成交等。

由于文交所清理整顿导致该模式目前停滞状态，同样艺术品份额化金融交易，基于通证化可以非常完美的实现，但要受限于监管。

4. 艺术品赏鉴

艺术品的租赁权益是一个非常好的金融产品模式。创新的艺术品赏鉴服务，即客户可以从第三方托管机构或者合作的艺术品银行推荐的当代艺术品中任意选择其喜爱的作品，存入一定的保证金后，即可享有该艺术品的鉴赏权益。在免费鉴赏期内，客户可以将艺术品带回家中或办公室，慢慢品味艺术品及其内在的艺术价值，有相应的保险公司提供保障；鉴赏期满后，如该艺术品升值，客户仍可按原先的价格购买该作品。

这是一种特殊的租赁模式，艺术品的租赁收益可以设计为通证化产品。

文化艺术品资产通证化ABT的好处如下：

（1）基于区块链的开源、透明和加密溯源，将底层资产未来10年收益通过SPV和智能合约转化为当前的权益份额，有效地将10年的时间错配到当前的空间。

（2）可以降低门槛普惠投资（降低发行成本，允许较小发行量和单一资产发行）。

（3）接触新的投资者群体（全球范围内尝试区块链的早期采用者和传统投资者）。

（4）改进投资者管理和信息披露（实时跟踪投资者并将信息直推到投资者链上地址）。

（5）智能股息分配（基于智能合约和预定的区块链支付，如加密货币或稳定代币）。

（6）改善的二级交易（在 ST 交易所、场外 OTC 或 DEX、AMM）及其他好处。

传统的文化艺术品投资是一个保守和断裂的产业，要不就是追求长期稳定投资的传统拍卖的方式，要不就是被清理整顿的份额化、T + 0、连续竞价等文交所的方式，也有一些围绕金融模式的比如基金和信托产品进行艺术品投资。一个产业的闭合机制，在于将文化艺术品错配的时间和空间糅合到一起，既有定期的拍卖进行价格发现，又有电子交易中心进行现货交易，还有份额化的期货期权模式，再通过将 5～10 年的投资基金或信托产品进行数字资产化后的时间错配到当前，另外通过区块链实现文化艺术品标的的策展、鉴赏（租赁）和文创衍生品、数字复制品等，从而形成一个收藏、投资、策展、交易、消费的文化艺术品产业闭环。

如果从文化艺术品的资产化入手，直接对文化艺术品本身资产进行 Tokenizatized 是很难的。因为从资产结构和交易结构的分析来看，一个是文化艺术品的拍卖交易收益，周期比较长、注水比较大、洗换成分比较高；再一个是文化艺术品的溯源防伪鉴真，对交易价格没有增量，只是标的资产的底层数据或者增信数据，并不为艺术品产生价值或者增量；所以文化艺术品的数字化和资产化，要进行全面的资产结构和交易结构的分析和巧妙的设计。如果结合关键原则：预期、未来收入、非产权的用益权等，结合文化艺术品产业的资产和交易结构以及场景等，文化艺术品数字化后的数字资产化有五种模式：

1. 青年艺术家的数字资产化

该模式是以一个青年艺术季未来三年的产品产出与预期收益来进行资产化设计。青年艺术家品牌资产，经过品宣推广和策展等，是一个优质潜力股。

签约三年，锁定未来三年产出，签约费按约定价格，未来上市的零售价可能是 5～10 倍 PE。

独家交易授权，签约艺术家的作品交易授权到交易平台，流水贡献。

签约作品的 IP 授权，打造和运营 IP，进行文创、鉴赏、数字复制品、衍生品等。

链上艺术品数字金融，基于作品和 IP 创建链上的 NFT，通过 DeFi、数字资产和数字衍生品实现数字经济衍生价值。

2. 文化艺术品金融的准入机制与标准保管箱

文化艺术品金融的资产化方向之一是将文化艺术品金融的基础设施进行资产化，这就是文化艺术品的标准存管箱，银行级别的第三方存管保险箱。存管箱是文化艺术品质押贷款、发行信托、进行数字资产化等金融行为的基础设施，只有租用存管箱才将动产的艺术品变为不动产，文化艺术品进入存管才可以进行评估鉴定以及交易、拍卖和金融产品发行，才具有文化艺术品交易和拍卖的会员资格。

核心本质是艺术品保管箱的租赁收益权，类似于不动产的租赁收益，这个文化艺术品"淘金铲子"的数字化和资产化，基于长租的租赁价格或投资价格、短租的使用租赁价格、年化收益等，就非常标准和易于理解和推广。

3. 文化艺术品数字资产投资模式

文化艺术品上链数字资产化后，仅基于拍卖交易形成的收益分红很容易避实就虚。结合文化艺术品最核心的策展，比如博物馆、画廊、年展或者艺术展等是文化艺术品升值的最关键环节。所以，数字资产投资模式，要让不同的策展人参与进来，并有激励机制。艺术品链上确权形成唯一的数字资产后，通过链上的协议或智能合约组合（PST），可以为唯一的数字资产 NFT，通过一定金额或份额的 staking 对该艺术品进行投注（押注），相当于成为艺术品的特殊的"二股东"，从而积极进行收藏、策展、宣推等，提升艺术品的价值，最终通过艺术品的租赁收益或拍卖交易的浮动收益中的比例进行分红分润。

4. 倒三角策展分销体系的资产化

在文化艺术品的交易结构中，除了周期内按次的拍卖、交易之外，周期内最持续产生价值的是艺术年展（巡回展）、博物馆/画廊，这些既是策展，也是交易或收藏的核心节点，因此可以通过一个倒三角模式将"年展＋巡回＋博物馆/画廊"设计为数字资产化的合伙人节点，对文化艺术品的整体收益通过倒三角来进行结构分享设计，相当于一个完整策展周期内的大的 Profit – sharing Tokenizatized。

5. 文化艺术品 IP 特许授权资产化

按 IP 特许模式进行数字资产化，这个对文化艺术品的 IP 打造和品牌宣推要求很高。当建立起 IP 和粉丝群体后，围绕 IP 的文创、衍生品等的 IP 特许授权和收费模式，可以参照成熟的 IP 特许资产证券化的模式，进行 IP 数字资产的资产通证化（ABT）。设计的核心是 IP 特许授权是有相对稳定的未来现金流，预期收益和现金流回报相对比较容易量化，结合增信、托管等方式，可以标准化。

综合来看，文化艺术品的 ABT 可以分为几个层面：青年艺术家的签约未来收益、艺术品保管箱的租赁收益、文化艺术品数字资产投资/策展/特许授权的用益分红模式等，同时可以进一步扩展到文化产业基金、文化艺术园区、文旅景区等。

三、加密零售

新零售的变化，已经不仅仅是来自各种 5G、AI 和人脸识别等新技术，更多的是来自人性，加密数字更容易透视 00 后的人性吗？我们从直击人性的营销核心来看数字营销活动的变化。好市多用一个会员折扣限量，一下子就打了各种新技术的新零售的脸。其实分析数字营销的变化，无一不围绕着人性的变化（见表 5-2）。

（1）互联网时代是流量的时代，依托搜索可以带来大量流量，消费者的人性需求是省钱，而数字营销有各种积分和卡券，比如大众点评、美团等。

（2）移动互联网时代是关系的时代，依托移动社交，比如微信朋友圈、网红直播带货等，消费者的人性需求是分钱，而数字营销有微商团购拼购，比如拼多多、抖音等。

（3）加密数字时代是共享的时代，依托各种社区或者节点，消费者的人性需求是投资暴富以及分红分润，而数字营销有哪些呢？趣步、潮鞋或者其他。

表 5-2　新零售的变化

阶段	核心	环境	人性需求	数字营销模式
互联网时代	流量	搜索	省钱	积分卡券
移动互联网时代	关系	移动社交	分钱	微商团购拼购
加密数字时代	共享	社区/节点	分红分润倍数	潮鞋趣步等

围绕人性的营销主线，会如此清晰的变化：折扣/省钱—分钱返利—分股份（Token 或者加密什么）；消费者尤其是年后 00 后已经不再追哪些折扣省钱，因为他们不需要；他们也不再热衷于各种裂变然后返利分佣，因为他们不需要；他们需要的是更加刺激的、可能暴富或者暴跌的，是未来的收益愿景（加密数字股份或者未来某种权益），将未来的收益愿景资产化和股份化，

可以共享和分享，周期越长约好。

每个消费者都可以不再是消费，也不仅仅是投资，还是发行者，将自己发行加密股份进行共享，包括他的数字活动、消费、行为、数据等，货币化消费和行为，股份化人和数据，这是什么人性呢？

Mac Coin，麦当劳偷换概念用数字货币的噱头发行了一个消费即赠送的可以兑换巨无霸实物的收藏礼品卡，但是起了个"Mac Coin"麦币的潮名字，然后限量，然后就被挤爆了预约小程序，一个底价 80 元被炒到 800 元，一套 5 枚被炒到 3000 元，神奇不，这还是巨无霸的兑换卡券吗？

Crypto Kitties，加密猫，曾经风靡到让以太坊短暂瘫痪，一个链上随机组合的区块链玩偶，因为通过链上智能合约实现的唯一性和稀缺性，一度最高炒到 15 万美元一个，不过热闹六个月之后很快萎缩，难道现在的 00 后只有 6 个月的新鲜劲儿？

Walmart Token，WMT，看着是不是特别熟？这是传统零售巨头沃尔玛发行的沃尔玛币，WMT 既像储值卡，又像自有生态的数字稳定币，1∶1 锚定美元，支付结算还可以投资理财以及优惠折扣等，回头在沃尔玛的超级线下零售网络和上下游网络中可以使用 WMT，所以说传统产业离加密数字不远了。

目前的新零售再怎么新最终还是没有突破赚的是价差利润。对于 00 后而言，没有成本这个概念，喜欢就是喜欢，刺激就是刺激，加密零售更多的是从加密资产的角度去探寻"商品"的内生价值，不销售就已经存在或者增长的价值，然后将它货币化和份额化，不再是为了用一次的"消费"，而是好玩刺激的"投资"和"收藏"，它往往是一种 IP 或者稀缺性的故事，因此自带流量、自成社区，因为不是消费而是投资收藏所以会有唯一性会限量等。

这是一个怎么样的世界？重新寻找品牌的核心资产，能够成为 IP 或者投资收藏的加密资产，然后打造加密资产的"未来的预期收益＋通缩模型"，然后一批粉丝和社区成员进入狂欢。可能这个狂欢周期比较短，怕什么，继续打造新的核心资产，继续狂欢。

总结一下，加密零售的特点：内生价值，投资消费，自带流量，粉丝追随。它不可避免地带上了 00 后所独有的炫、钱、秀，不断裂变，不断货币化，不断秀。

因为将商品升级为加密资产，所以加密零售与新零售最大的区别在于交易定价模式。新零售和传统零售一样，定价是固定零售价，然后有优惠、折扣，就跟砍价一样，一直新零售到消费者的心理价位；而加密零售，不是固定价格，而是有诚实的发行价，价格是不断变化的，有入手价，有出手价，没有买东西砍价的心理价位，而是喜欢不喜欢，追求心理的愉悦感和痴迷。还有一小波寻求刺激的，追求的是 30 ~ 40 倍的刺激或者搏一搏的感觉！

加密零售的模式：加密零售已经形成了一种潜在的模式，如果梳理一下，围绕加密零售的模式已经逐步成型：支付—应用—资产化—平台化。

1. 支付方面

你可能已经听到过很多企业接受加密货币支付了吧？美国的在线零售、星巴克、全食超市等开始接受加密货币支付；沃尔玛发行自己的 WMT 沃尔玛币进行生态体系内的支付；零售领域用加密货币支付只是第一步的尝试，最初是比特币以太币，再是承载企业的加密商品的企业币，未来会是大零售平台的数字稳定币，比如 Libra 或者 App 致力于全球零售数字货币支付未来的平台，在零售领域内实现小额支付结算、积分广告奖励、零售分润分红等功能。

2. 应用方面

美国运通通过超级账本 Fabric 打造积分的奖励平台，通过区块链的加密特点在不记录持卡人的个人信息的基础上，通过交易细节出发智能合约来实现定制化的奖励积分，然后逆向标签、积分 Token 存入持卡人会员账户；英国的水产食品公司，用区块链标签来做水产商品的品质溯源和跟踪；欧洲主要的礼品卡购买和销售商 Zeek 集团，基于 ZIX 加密 Token 从数字媒介角度让加密货币简单无缝地转换成礼品卡和零售券，从而转化为商品和服务；还有 BUMO 在试点的加密数字券，用加密券的形式实现法币交易的链上礼品卡、储值卡，演化了一个加密礼品卡的应用功能。

3. 资产化方面

Crypto Kitties 加密猫已经是一种数字化的虚拟资产，其中注入了加密生命和 IP 价值；Ajow 潮鞋，因为明星加持和粉丝追捧，已经成为承载潮的资产，不仅仅是穿还是收藏和投资的载体；而更多的加密商品，开始结合实物、IP 和加密 Token，逐渐的混淆和融合消费、投资甚至博彩等行为。

4. 平台方面

虽然现在还没有一个成熟的加密零售的"投资 + 消费 + 社区"平台，但是已经略显雏形。潮牌二手交易 App，已经同步更新潮牌商品交易指数；交易呈现一个典型的通缩模型，打新时上涨、迭代款式时下跌；同时，已经出现不同于传统微分销的层次分销，比如有社群或粉丝，有 DAO 自治社区，还有节点网络，这些因为区块链和加密数字的特点而发生了微妙的变化。

　　加密零售对应到企业的场景，可以是日常的消费流通用加密数字的方式更好玩，传统的储值卡借鉴沃尔玛的方式尝试加密卡，也可以在新品发布、预售、限量销售、明星款、IP衍生（公仔玩偶等）的场景中，用加密资产形式来做一场发行的加密零售，实现加密模式的裂变和传播。

　　一场加密零售的发布会，基本上是这样一个流程：设计加密资产—确定发行价/模式—发行打新—零售价—投资收藏—社区裂变—收藏/现货/回购/二手。这里面不再是购买，而是打新；不再是流通，而是限量；不再是消费者，而是粉丝或者社区；不再是消费，而是投资和收藏或者炒作。这个加密零售的过程中会有发行平台、交易市场、OTC、加密零售钱包以及兑换商城，加密裂变App等，来有效实现加密商品的流通性和投资便捷性。

　　加密零售的本质是品牌企业（或者个人）的有稀缺性、未来预期收益、IP特征的核心资产，通过加密数字的方式，将其预售权、优先权、提货权或者IP价值实现加密资产Token化，将消费转化为投资，消费者转化为投资者和社区节点。

　　加密零售的主角突然不再是品牌零售商，而是转化为消费者了。每个人，可以将自己的需求或者数据价值化，也可以将等待等候或者无聊的时间货币化，转化为广告、裂变等赚钱的加密资产，还有各种冠名权，高定、定制化、唯一化的广告资源货币化，它真正突出了个体价值的体现，实现了数据、需求和隐私的货币化，充分把年轻消费者的"多余的钱+特定的消费需求+优惠折扣诉求等"转化为一种可以投资的加密资产，打造一个有着未来的预期收益+通缩模型的加密愿景。

　　加密零售不能一上来就对整个零售体系进行比新零售还激进的变革，目前加密零售还是新零售和传统零售的有效补充，而不是完全替代，企业完全可以把加密零售视为全渠道零售的其中一个新模式的渠道。所以，对于加密零售而言，主要目标群体不是用新模式来抢存量客户的生意，而是挖掘存量客户的新生代消费者，就是存量客户中对加密资产和数字货币感兴趣的00后新生代；同时，也拓展增量客户的新流量，将原来在投资、收藏、潮玩、数字货币等领域的新生代流量，通过加密零售吸引到产业的加密资产场景。

　　加密零售最轻快的一个模式是加密券，我们可以将企业的核心资产的提货权、预售权、收益权或者返佣权益、分红权益等资产化为链上的加密资产，逻辑上是在区块链上的卡券。因为不是微信的电子卡券，而是在链上资产化的加密卡券，所以有了一些组合的复杂场景：

（1）更好玩更场景的卡券。商品在消费流通中的常见卡券功能之外，为了活跃度还会增加抽奖、集力、娱乐等功能，而加密券是可以直接将卡券和抽奖娱乐等属性融合在一体的。

（2）复合型智能加密券。当前数字营销方式非常丰富多样化，有很多营销的玩法和各种激励、返现返佣的组合，可以通过区块链的智能合约功能，直接在复合型加密券上轻松实现比如预售、CPS 返佣、定期分红等智能复合功能。

（3）可以打新的加密资产。品牌企业可以将新品发布、限量款商品或者 IP 联合等有一定前置周期的核心资产，利用其预售、稀缺性和饥饿营销的特点，来进行打新和收藏投资的模式，通过混淆消费与投资来增加裂变和传播。

（4）资产数字化上链。企业将核心资产进行数字化上链发行和存证，包括但不限于溯源，作为基础服务实现核心资产的数字化和可信加持。

每个企业是可以根据自己的核心资产、IP 价值以及数字营销资源来设计自己的加密券或者加密零售场景的。

最简单的是拿出一些新品、商品或礼品做链上的加密券活动，融合抽奖、博彩等功能，吸引加密资产新生代用户的流量，同时吸引存量客户中对新生模式感兴趣的老用户或会员的增量。

最复杂的是，利用稀缺或爆款，将企业核心资产的加密券做成性感的数字营销活动，智能合约加持的链上 Token 的加密券，底层支撑的资产是爆款 + IP + 限量的核心资产，比如 AJ 的限量版潮鞋，通过加密交易市场、加密钱包、加密商城等，打造一个饥饿营销的加密数字活动。

前者，可以参考线下盲盒的模式，泡泡玛特，一个小小的潮玩，利用盲盒的博彩功能，打造一个消费未知的客户体验营销模式，快速拉动持续的消费，包括连瑞幸咖啡都开始用"遇见昊然"的盲盒模式来引爆消费者；后者，可以参考潮鞋的模式，黄牛、限量、收藏和炒作，潮牌球鞋的二手交易以及二级市场，还有火爆的"毒"、nice、get 等 App。

企业的核心资产，有的天生带有 IP 和内生价值，所以很好设计；有的只是平常流通的消费品没有稀缺性和限量，很难进行设计；这就需要或者挖掘内在的价值和 IP，或者联合 IP，或者用各种直透人性的游戏化机制，来组合设计有内生价值的资产。

这类组合后的资（产）产（品），有点像股票，随着粉丝和用户的消费未知体验，每天都有涨有跌，非常适合打造成加密资产。我们可以来体会一下，这些个限量版签名潮牌新鞋就像是打新股，抢到新发就是抢到原始股，新品上市后就是各种炒，既可以买卖（交割），又可以收藏（持有），在持有过程中可以无损的不停交易。

突出内生价值的加密券，需要设计核心资产的 IP，设计一个典型的通缩模型，需要将消费和投资混淆融合，需要将预期和未来设计进来。

IP，没有内生价值的商品或资产，是可以加载一个 IP 的，不能加载的就联合 IP，比如与 IP 联合，与明星联合，设计自己的玩偶公仔等，这些都可以将商品转化为加密资产。

通缩，比如鞋子的现货销售很难，因为是通胀；而 Token 后的鞋子炒得很火，因为是通缩；二者为什么不可以找到一个点相融合呢？利用 IP 限量的加密潮鞋预售带动流量，进一步拉动加密券支撑的商品的流通，预售和现售是可以相结合的。

消费和投资，前面说过新零售是想方设法让客户进行消费，而加密券可以促进消费者进行投资。很多企业不理解，仔细想一想：消费是一次性行为，目的是用，很难促进裂变和传播；投资是重复性行为，目的是赚钱出手或者百倍暴富，所以会主动社交推广裂变。

预期和未来，体现当下价值的只是商品的现售价值，而预期和未来是未知的，消费未知既像一种投资行为，又像一种对未知能够把控的期望，它会让消费者变得不像消费者，而是成为投资人粉丝用户和布道者。

看一个案例：周杰伦新歌《说好不哭》MV 里的奶茶店开业，一天限额 200 杯，一杯 100 元，必须现场开喝避免转卖，黄牛价格已经涨到 300 元，开业前一天晚上九点就开始排队，排队排一夜，排队人数在 200 人以上。这就是一个典型的通缩模型，而且充分叠加了周杰伦的明星效应和 MV 的 IP 效应。这家奶茶店在微博、朋友圈已经火爆，虽然有些人会酸溜溜地说这个网红店热度估计也就一个月，一个月又怎样？热完还有新的热点，继续追继续炒，这就是新时代消费者。

传统企业还是要从自己的资产和业务场景入手，不要好高骛远上来就搞颠覆企业的区块链创新，而是从小小的数字营销的加密券来体会消费者的共识，再从产业加密资产体会企业和行业的共识，循序渐进，逐渐培养和建设适合自己企业或产业的区块链场景。